五星红旗

我为你骄傲

——中国登山队的故事

中国登山协会◎主编
谢漪珊　史卫静◎执笔

U0893960

中国少年儿童新闻出版总社
中国少年兒童出版社
北　京

图书在版编目（CIP）数据

五星红旗我为你骄傲 : 中国登山队的故事 / 中国登山协会主编 ; 谢漪珊 , 史卫静执笔 . -- 北京 : 中国少年儿童出版社 , 2020.1（2022.11重印）
ISBN 978-7-5148-5949-2

Ⅰ . ①五… Ⅱ . ①中… ②谢… ③史… Ⅲ . ①珠穆朗玛峰 – 登山运动 – 中国 – 少儿读物 Ⅳ . ① G881.92-49

中国版本图书馆 CIP 数据核字（2020）第 000352 号

WUXINGHONGQI WO WEI NI JIAOAO

出版发行：中国少年儿童新闻出版总社
中國少年兒童出版社
出 版 人：孙 柱
执行出版人：马兴民

主　　编：中国登山协会	责任编辑：李　橦
执　　笔：谢漪珊	责任校对：杨　雪
史卫静	责任印务：厉　静
社　　址：北京市朝阳区建国门外大街丙 12 号	邮政编码：100022
编 辑 部：010-57526267	总 编 室：010-57526070
发 行 部：010-57526568	官方网址：www.ccppg.cn

印刷：北京瑞禾彩色印刷有限公司

开本：720mm × 1000mm　1/16	印张：10.25
版次：2020 年 1 月第 1 版	印次：2022 年11月北京第 3 次印刷
字数：120 千字	印数：15001 – 20000 册
ISBN 978-7-5148-5949-2	定价：45.00 元

图书出版质量投诉电话 010-57526069，电子邮箱：cbzlts@ccppg.com.cn

目　录

第一章　从世界最高峰说起

镜头 1　1960 年中国登山队首次登顶珠穆朗玛峰

海拔 8844.43 米的珠穆朗玛峰是喜马拉雅山脉的主峰。这座有着金字塔般雄伟山形的世界最高峰千百万年来巍峨矗立，见证了地球沧海桑田的剧变，也成就了历代登山者的传奇。

1960 年 5 月 25 日，以王富洲、贡布和屈银华为代表的中国登山队，成功登顶了世界最高峰珠穆朗玛峰。这是中国人首次站在世界之巅，也是人类首次实现从北坡登顶珠峰。

★从“埃非勒士峰”到“珠穆朗玛峰”

19 世纪中叶，英国人开始测量喜马拉雅山脉的群峰，由于他们采用在印度平原遥测的做法，并未实际进入尼泊尔和我国西藏，从而对这些高峰的名称也一概不知。当时他们只是采用罗马数字的排列顺序，从东到西，排列号数。珠穆朗玛峰位列第十五。1858 年，经英国皇家地理学会批准，将他们不知道名字的珠穆朗玛峰定名为“埃非勒士峰”（或“额菲尔士峰”“埃佛勒斯峰”，均由英文 Everest 音译得名），以纪念他们测量此峰时的印度测量局局长、英国人埃非勒士上校。

殊不知，西方人对珠峰的测量，比中国已经晚了 130 多年。公元 1714 年—1715 年，清政府从北京派出曾在钦天监学过数学的理藩院主

事胜住、喇嘛楚尔沁藏布和兰本占巴，专程进入西藏地区测绘地图。当时，他们在交通极为困难的条件下，直接深入到珠穆朗玛峰下，采用经纬图法和梯形投影法，对珠峰的位置和高度进行了初步的测量。在康熙五十六年（1717 年）完成的《皇舆全览图》上，便明确地标上了珠穆朗玛峰的位置，并定名为“朱母郎马阿林”（“阿林”是满语，意思是“山”）。这份地图 1719 年被制成满文铜版，1721 年被制成汉文木版，1733 年又在欧洲制成法文地图。在这些地图上，珠穆朗玛峰以满、汉、法等不同文字的出现确定了它的名称，这份地图可以说是关于珠峰最早的历史文献。此后，在《大清一统志》等文献中，也多次载有“朱母拉马山”“朱母郎马”等名称。1822 年的《皇朝地理图》和 1863 年的《大清一统舆图》上都标名为“珠穆朗玛”。

然而，世界上不少国家的地图均采用“埃非勒士峰”这一名称，中华人民共和国成立之初编撰的地志舆图也沿袭了这个名称。1952 年 5 月 8 日，中央人民政府内务部、中央人民政府出版总署就珠穆朗玛峰名称等问题，正式发出通报，将“埃非勒士峰”正名为“珠穆朗玛峰”。

★逼上珠峰，又遭意外变化

近代对珠穆朗玛峰的探险与攀登活动最早始于 1893 年，但这一次加上 1904 年、1913 年英国军队组织的两次探险活动，均因当地藏族人民的反对而未能真正开展。直到 1921 年，英军登山队才第一次进入西藏进行攀登活动，习惯上都把这一次当作珠峰的第一次登山活动。

从 1921 年开始，到 1960 年中国登山队成功登顶之前，珠峰的正式登山活动一共进行过 15 次，其中成功的仅有两次，并且都是从尼泊尔境内的珠峰南坡进行的，分别是 1953 年 5 月 29 日 11 时 30 分，英国登山队的希拉里和丹增登顶成功，他们发表的珠峰高度为 8882 米；1956 年 5 月 23 日 10 时，瑞士探险队的史密特、玛尔敏特、列依斯、贡钦 4 人登顶成功，他们发表的珠峰高度是 8848 米。

1958 年年初，苏联登山运动协会分别致电中共中央和苏共中央，请求组织中苏联合探险队，共同攀登珠穆朗玛峰。鉴于中苏两国特殊的友邻关系，以及中国登山队计划在 1958 年至 1960 年三年之间从北坡登顶珠峰的考虑，中苏联合攀登珠峰的计划得到了中共中央的批准。

按照中苏双方的约定，两国于 1958 年选拔队员，训练队伍，1959 年 5 月正式攀登珠峰。然而此后不久，西藏发生武装叛乱，联合攀登活动被迫暂时中止。1959 年年底，国家体委向苏联方面积极提出，1960 年继续执行这一计划，并在北京接待了苏联代表团。但苏方建议推迟到 1961 年或更晚时候执行。在这种情况下，国家体委做出了仍按原定计划三年内登顶珠峰的决定，于 1960 年春天由中国人单独组队，从北坡攀登珠峰。

当时的中国，正处在特殊的历史时期，“左”倾运动带来的损失还没有完全恢复，三年困难时期的阴影又笼罩而来。国家体委和中国登山协会组织了 200 多人的强大登山队，希望借助人力的优势从珠峰北坡成功登顶。同时，国家在极端困难的情况下，专门拨款，从英国和欧洲其他国家购买了所需的登山装备与器材，并且在一年之内修筑了从日喀则到珠峰大本营 380 多公里的公路。

1960 年年间，共有来自印度、美国、英国、法国、瑞士、日本、新西兰、尼泊尔、南斯拉夫、伊朗 10 个国家的 12 支登山队在喜马拉雅山区活动，其中绝大多数的登山目标均直指珠峰。很快，中国登山

队也来到了珠峰脚下。

★第一次行军：抵达海拔 6940 米“珠穆朗玛冰胡同”

早在 1958 年 11 月，中国登山队侦察组便进至珠峰脚下实地侦察，并发现了从北坡攀登的三条可能路线。第一条路线是：中绒布冰川——东绒布冰川——（由东上）北坳——东北山脊——顶峰。第二条路线是：中绒布冰川——（由西上）北坳——东北山脊——顶峰。第三条路线是：中绒布冰川——西山脊——顶峰。经过反复比较研究，最终确定的攀登珠峰行动计划选择了第一条路线。

1960 年 2 月，中国珠穆朗玛登山队正式组成，队长兼党委书记史占春、副队长许竞、副书记王凤桐，队员共有 214 人，他们来自全国各地和不同的工作岗位，有工人、农民、解放军官兵、教师、学生、机关干部和科研工作者。其中女队员 11 人，藏族队员占 1/3 左右，全队平均年龄 24 岁。3 月中旬，登山队进驻珠峰，在海拔 5120 米、5400 米、5900 米和 6400 米的地方分别建立了大本营及一、二、三号营地。

3 月 27 日早晨，北坳侦察组从三号营地出发，前往北坳探路，他们的任务是为大队通过北坳寻找、开辟一条能往返经过数百人次的安全路线。没有向导、没有精确的地图，北坳的地形在 1958 年的那次侦察之后又发生了很大变化，任务的艰巨性不言而喻。

侦察组选择避开裂缝及冰崩雪崩区的路线前进，但同时也面临着攀爬坡度大、容易发生滑坠的危险。登山队队员轮番开路前进，在冰坡上升到海拔 6860 米的地方，被一道高 20 米、近乎直立的冰崖挡住了去路。冰崖上有一道垂直的冰裂缝，宽约 1 米。副队长许竞同队员

1960年，珠峰大本营的升旗仪式。（中国登山协会资料图）

们研究后，决定沿着这条被他们称为“珠穆朗玛冰胡同”的裂缝攀登上去，并且安排刘大义先上，王凤祥保护。

由于冰崖下方的冰雪不太坚实，冰锥无法打牢，王凤祥便用冰镐在裂缝两侧的冰壁上凿出几个窝状的台阶。刘大义叉开两腿蹬在这些

冰窝台阶上，支撑着身体，一下一下向上挪动。随后许竞发现，“冰胡同”上部的冰层透明度较大，估计冻得很硬，便建议刘大义打冰锥试试。一试，果然打牢了。

于是，刘大义打好一个冰锥跨上一步，登上了“冰胡同”顶部并固定好了软梯。他与随后上来的彭淑力一起，对“冰胡同”进行了侦察，发现由这往上是一个坡度为 30 度的雪坡，积雪很深，长 200 米左右。看来，这段雪坡可以作为大队的临时宿营地。雪坡尽头是一道又高又陡的冰雪陡坡，高约 50 米，陡坡下方测量的高度是海拔 6950 米。他们估计，从这个陡坡再上去，应该就是北坳的顶部了。

知识链接：

冰镐是至关重要、用途广泛的登山装备之一。它在高山攀登中是登山者肢体的延伸：在雪线以下，冰镐可以作为上下山的手杖；在冰雪坡行走中，冰镐可以维持登山者的平衡，甚至作为攀登的保护点；在冰壁、混合地形中，经过技术改进的冰镐可以作为攀登的支点。

冰镐因款式和用途不同，使得镐尖形状、镐柄弯曲程度等都有所不同。大体上可分为长冰镐和短冰镐两种。

★第二次行军：抵达海拔 7200 米，修通北坳“登山公路”

4 月 11 日，修路组全体队员从三号营地向北坳进发，当晚队伍宿营在“冰胡同”顶部海拔 6950 米处。12 日，在侦察组此前没有登上的北坳的最后一个冰雪陡坡下，史占春、张俊岩、屈银华、陈荣昌开始了修路工作。他们用冰镐代替冰锥，把 3 把冰镐成“品”字形打入陡坡顶端的冰雪中，只让镐头露在外面，然后把软梯的一端固定在牢固的镐头上，软梯的另一端下垂到陡坡下的雪堆上。于是，这段 20 多米高的冰雪陡坡终于变成了通途。

随后，按事先安排好的顺序，登山队队员依次登上了已经挂好软梯的冰雪陡坡。左拐斜插了一段距离之后，走在最前面的史占春感到有一股奇寒的风从上方猛扑下来。他紧走几步，便已站在了北坳顶部。北坳的顶部宽的地方只有 20 多米，窄的地方还不及 10 米，全部覆盖了厚厚的积雪。张俊岩带领绝大多数队员开始挖雪洞，储存第三次行军所需的物资，同时搭建抗风性试验帐篷。

史占春带领侦察组沿北山脊继续向上探察，不到 3 个小时便到达了海拔 7200 米高度的一个雪坡上。站在这里可以清楚地看到整个北山脊和海拔 8100 米高度附近的路线，向下看则可以一览无余地俯视北坳营地和三号营地。从这里往上还是一段雪坡，雪坡之上紧连着碎石坡，只见很多风化破碎的巨大石块突出地立在小沟槽里，摇摇欲坠。再往上，山脊变得更为狭窄，坡度也增大了，到了传说中的“第一台阶”才变缓了一点儿。从侦察队员所在的位置总也看不出这个“第一台阶”有“台阶”的特点，他们估计这是角度的原因，不过初步判断：从北山脊上达海拔 8100 米高度的路线不会有多大问题，第一台阶可以绕着上去。

第二次行军有 40 人史无前例地通过北坳，而且从北坳底部到北坳顶端的行军路线上，90% 的地段进行了整修，并设置了安全保护设施，建成了世界登山史上少有的“登山公路”。这条“公路”大大节约了登山队员的行军时间，缩短了距离顶峰的路程，成为此次行军的最大

成果。

★第三次行军：抵达海拔 8659 米，几欲突破“第二台阶”

由于天气不利于在海拔 8000 米以上活动，登山队在大本营休整了 11 天。4 月 25 日，登山队员离开大本营开始了第三次行军。29 日下午 1 时，登山队到达北坳顶部。当队员们沿北山脊继续向上进发时，天气突变，大家只能紧紧贴伏在地上，避免被暴虐的高空风刮走。等到风小一些，再爬起来沿着雪坡艰难地向前移动。逐渐，高空风更加狂暴，气温降到了零下 37℃以下。不到两个小时的时间，登山队员相继出现冻伤情况。傍晚，队伍终于走到了冰坡的尽头，在海拔 7400 米冰雪岩石交接的地区宿营。而此时负责运输的队伍才到达海拔 7200 米高度的位置，只能就地挖雪洞过夜，等到第二天中午才与大队会合。由于极度疲劳、冻伤和严重的高原反应，原来 30 多人组成的运输队严重减员，最后只有 12 人上到了海拔 7400 米的会合点，同时主力队员陈荣昌、王振华也因严重冻伤不得不下撤。

5 月 1 日，天气晴朗，登山队继续向着新高度出发。此时，运输队只剩下 8 名队员。主力队员王富洲走到海拔 7500 米时突然倒下了，由于他从 1958 年参加登山以来一向以体力好和高山适应能力强闻名全队，此时倒下让大家十分纳闷儿。直到队友王凤桐打开他的背包、想帮他减负时才找到答案：原来王富洲的背包里竟装了 3 个大氧气瓶。史占春把自己的氧气面罩给王富洲戴上，王富洲渐渐苏醒了。

5 月 2 日，从海拔 7600 米到海拔 7800 米一直负责开路的刘连满由于劳累过度，出现了严重的高原反应并陷入昏迷，而且苏醒后怎么也站不起来了。3 名队员留下来陪护他并负责接应运输队，史占春、许竞、拉巴才仁和米马 4 人继续前进，于深夜 11 点到达海拔 8100 米目的地。3 日凌晨 1 时，石竞和贡布赶到海拔 8100 米营地。2 个小时后，王凤桐和拉巴才仁也赶到了。他们喝了几口热水，吃完了最后的一点点炒面，拟订出天亮后侦察攀登“第二台阶”的方案。

在海拔 8200 米到海拔 8400 米处分布着一片层状岩石，黄褐色的岩石东高西低一层一层地排列着，看上去就像一摞平放的书本，这里也被称为“黄色走廊地带”。队员们发现，无论沿着黄褐色岩层的哪一层前进，都只能是越走越下降；要想上升，必须注意选择台阶翻越“走廊”的每一层。越过“黄色走廊地带”，就接近珠峰东北山脊了。在海拔 8300 米处，副队长许竞由于体力消耗过大累倒了，由石竞和贡

1960 年攀登珠峰的队员行进在海拔 8000 米的岩石雪坡上。（中国登山协会资料图）

布护送回到海拔 8100 米营地。下午 5 点多，登山队队员接近海拔 8500 米的东北山脊顶部。史占春和王凤桐按计划继续向上侦察“第二台阶”。他们从“第二台阶”的侧面迂回上攀，晚上 9 点多，抵达了一个峭壁角落。借着角落里未被风刮走的积雪，他们挖了一个雪洞。由于携带氧气所剩不多，为了保证第二天继续侦察“第二台阶”并防备意外情况发生，两人决定无氧过夜。5 月 4 日，当两人钻出雪洞时吃惊地发现，他们实际上已经攀到了距离“第二台阶”顶部仅差 4 米的崖壁位置，高耸云端的珠峰峰顶清晰地展现在眼前……

知识链接：

“第二台阶”——是指珠穆朗玛峰东侧山脊海拔 8680 米到海拔 8700 米高度之间的一段陡峭地区，其中有一段近乎直立 4 米左右的峭壁竖立在通往峰顶的唯一通途上。这里是通往峰顶的最后一道难关，甚至是一道鬼门关。

第三次行军成果空前，但代价甚大。队员邵子庆在海拔 7300 米附近因严重高原反应不幸牺牲，全队共 25 人不同程度冻伤，其中更包括了史占春、王凤桐等体力和技术上极有实力登顶的主力队员。

★第四次行军：红旗插上珠穆朗玛顶峰

5 月 17 日，一、二线登山队队员在完成“突击顶峰誓师大会”后从大本营出发，经过一天急行军，当晚抵达海拔 6400 米营地。5 月 23 日下午，4 名主力队员和 10 名运输队员抵达海拔 8500 米营地。24 日上午 9 点半，由王富洲、刘连满、贡布、屈银华组成的突击小组离开营地，向峰顶进发。除了随身携带的氧气、睡袋以及登山技术装备，王富洲还带了一架近 5.5 公斤重的电影摄影机，贡布背着一个用红旗包起来的毛主席半身塑像和 100 英尺 35 毫米的电影胶片，刘连满的背包里多了一把铁锤。他们 4 个人的平均负重为 14 公斤左右。

中午 12 点，4 位队员攀登到了“第二台阶”的裂缝下。2 个小时后，他们上到了裂缝尽头的一块大岩石上，这里就是 5 月 3 日史占春、王凤桐侦察路线挖雪洞过夜的地方。在他们的右侧，竖立着一块笔直的 4 米多高的岩壁。岩壁表面没有支点，只有一些很小的棱角；岩壁上的裂缝只有拇指那么宽，彼此之间的距离都在 1.5 米左右，根本不利于借力攀登。刘连满在王富洲的保护下，在岩壁上打了两个钢锥。可没想到，他在接下来的攀登尝试中却连续三次摔了下来，贡布和屈银华尝试了两次，也都摔了下来。

最后，来自哈尔滨消防队的刘连满决定由自己充当“人梯”，蹲在岩壁下让队友踩着他的双肩往上攀登。在海拔 8600 米这样的高度上，做任何一个动作都会给登山队员带来强烈的高原反应。此时，刘连满只觉得眼冒金星，两腿颤抖，呼吸也变得沉重起来。但他咬牙坚持着，用肩膀驮起屈银华往上推送。屈银华毅然脱下 4 公斤重的登山靴，踩在刘连满的肩上，奋力在垂直岩壁的裂缝中打进了几个钢锥。

经过 1 个多小时，屈银华终于攀登到了“第二台阶”的顶部。此时已经是下午 5 点了，翻越这块 4 米多高的垂直岩壁花了他们 3 个小时。由于长时间在前面开路，此时刘连满体力越来越差，高原反应更加严重，一连摔倒了好几次。在海拔 8700 米处，他又一次摔倒，再也爬不起来了。王富洲、屈银华和贡布把他安置在一个弧形凹槽中休息，决定回程时再把他接上。

行进到海拔 8750 米时，太阳的余晖已经消失殆尽，3 个登山队队员只能根据在山下测定的大致路线和过去的登山经验，在隐约的星光与积雪的反射下摸索前进。困难不言而喻，他们根本无法判断行进路线的好坏，只能在屡攀不上、此路不通时再另辟新路。就这样，当他们跌跌撞撞到达海拔 8800 米左右时，携带的氧气快用完了。由于过度疲劳，加上每人的氧气原本就所剩无几，吸与不吸也没什么两样，索性不吸了。在这样的高度，还要同严寒和复杂艰险的地形拼搏，他们仅仅依靠着空气中微弱含量的氧气维持生命。“只有前进，不能后退！”凭着共同的信念，他们进行着最后的冲顶。但由于一点儿力气也没有了，3 个人完全是爬着向峰顶前进！

5 月 25 日 4 点 20 分，王富洲、屈银华和贡布终于登上了世界最高峰的顶峰。贡布从背包里拿出一面五星红旗和一尊毛主席的半身塑像，用红旗把塑像包起来，放置在珠穆朗玛峰顶之上。由于是在夜间，无法拍照，3 位队员在峰顶停留 15 分钟后决定下撤。6 点左右，

王富洲

屈银华

贡　布

在回到海拔 8800 米左右时，3 个人将最后剩下的一点儿氧气分着吸完了。此时天渐渐亮了，他们回头看着自己攀登珠峰留下的足迹，屈银华取出一直随身携带的电影摄影机，把珍贵的画面摄入镜头。

★活着回去，才算完成任务

3 位队员回到海拔 8700 米处，与刘连满会合后，继续缓慢地往山下走去。当他们下到“第二台阶”时，天空中下起了纷纷扬扬的大雪。由于在登顶的过程中，报话机摔坏了，此时的他们已经和大本营失去了联系。抵达海拔 8500 米营地后，4 个人根据身体状况，决定分批下山，安排体力好的贡布和刘连满先行赶下山去，既是送去胜利登顶的好消息，也是向大本营求援。

王富洲和冻伤严重的屈银华走在后面。这时，漫天的飞雪越下越大，岩石上很快覆盖了一层新雪。走到海拔 8100 米左右时，屈银华突然脚下一滑，大叫一声“哎哟”。走在他后面的王富洲赶紧反身将冰镐插入雪地，但软雪下面是坚硬的岩石，根本插不进去。“这下完了！”一闪念间，王富洲便超过了摔倒在前面的屈银华向山下快速滚去，紧接着他就失去了知觉。

不知过了多久，王富洲在屈银华的呼喊声中苏醒过来。这才发现，原来是一块大岩石正巧挂住了系在他们身上的结组绳，这才保住了两个人的命。大难不死，回头看看，这一摔，竟然滚下了 100 多米！王富洲爬起身刚要抬腿，突然发现左腿麻木得根本动弹不得。大约缓了有半个多小时，两个人才互相搀扶着继续往下走。雪一直在下，为了避免再次摔倒和迷路，他们来到一块大石头附近，把睡袋铺

在雪地上，两人呈“丁”字形睡了一夜。

27 日，屈银华和王富洲下撤到海拔 7600 米，终于碰上了赶上来接应他们的队友。此时，王富洲的喉咙已经发炎，完全说不出话来。原来，在海拔 8000 米露宿当晚，又饿又渴的他狠命地抓了几把雪塞进了嘴里。“绝对不能吃冰、吃雪，这是纪律！我知道。可当时我实在是忍不了了，只要能活着下山，嗓子发炎也不算什么！”后来王富洲回忆说。回到北坳营地已经是 27 日半夜了，很多队友在那里等着他们，还煮好了热腾腾的面片汤。可王富洲只喝了点儿汤，一个面片都咽不下去。

此时此刻，王富洲和屈银华的心里充满了喜悦。回想着在漫天的飞雪中，两个人互相搀扶着，在珠穆朗玛峰巨大的山体中艰难下撤时，心里从未打算放弃。“完成登山不活着下去，怎么能算完成任务？”朴素而简单的想法激励着他们，一直支持到安全返回大本营。

6 月 1 日，中国登山队在大本营举行了庆祝大会。

伴随这次登山活动，国内主要报刊和广播电台都做了集中报道，世界各国的报刊也大多在显著位置上刊登了中国登山队从北坡成功登顶珠峰的消息。

人物特写　用双肩将队友托举上“第二台阶”的刘连满

1960 年 5 月 25 日，中国登山队队员王富洲、屈银华和贡布成功登顶珠峰，创造了人类首次从珠穆朗玛峰北坡成功登顶世界最高峰的壮举。在这意义重大的成功背后，另一位队员刘连满甘为“人梯”的壮举，成为中国英雄对登山精神的最好诠释。

消防培训班里的大力士

1954 年，当时的哈尔滨电机厂计划组建独立的消防队，在警卫连里当文书的刘连满被抽调去学习，参加了省里举办的第一期消防干部培训班，他被选为临时支部的委员。培训班结业考试时，刘连满考了第一名，被评为学习模范。

培训期间，消防培训班和公安局组织到哈尔滨太阳岛联合活动，在交流项目中，刘连满凭着“天不怕地不怕”的劲头，在摔跤擂台上一连胜了七场，“第八个也是最后一个，又被我以二比零打败了。那个人二话没说就走了。”后来刘连满才知道，那个人居然在全国比赛中得过前三名。1956 年年初，刘连满接到电机厂通知，去北京参加中华全国总工会举办的登山训练班，从此与登山运动结下了不解之缘。

攀登贡嘎山历险

1957 年，刘连满和队友一起攀登“蜀山之王”贡嘎山，攀登过程

异常艰辛。第二次侦察路线的过程中，八位侦察组的登山队员遭遇暴风雪。一夜过后，积雪把帐篷都埋住了。刘连满坐在帐篷出口，用雪铲挖开一个小口才钻了出去。

“我挥动雪铲清除压在帐篷上的雪，可狂风暴雪像跟我较劲似的，我挖走多少它就刮落过来多少，甚至比我挖的还快。我不停地挖，不能停，停下来就有被冻伤的危险。”刘连满又和大家一起继续挖埋在帐篷里的衣服和物品。下午 6 点多，暴风雪停了，刘连满整整干了 12 个小时，又饿又渴，喝了两支葡萄糖液才缓过来。

6 月 13 日下午 1 点 30 分，刘连满和史占春、刘大义、师秀、彭仲穆、国德存成功登顶贡嘎山。谁知从山顶下撤不久，天空中突然刮起暴风雪，气温骤降到零下 20℃，雷电交加。近处雷电掠过，队员们的头发都竖了起来，身上的冰镐等金属器具“咔咔”作响。

刘连满和史占春、刘大义三人结组下撤，暴风雪刮得他们几乎睁不开眼睛，能见度只有几米远。刘大义往前走了十来步想看看走错路没有，结果突然滑倒了。刘连满和史占春急忙挥动冰镐制动，但冰面太硬，冰镐根本凿不进去，转眼间三个人一起沿冰坡下滑了 100 多米，“速度之快难以形容，有时候会腾空飞起来再落下，下滑中我的冰镐也丢了。”万幸的是，队长史占春在滚至悬崖边时死死抱住了一块裸露的岩石，三人才停止继续下滑。此时的刘连满已经滚下了悬崖，身体悬在半空中……

临近珠峰峰顶的留言

1960 年 5 月 24 日，在多次尝试攀登珠峰北坡“第二台阶”失败后，刘连满想到从前在消防队经常用搭人梯的方法攀登建筑物，于是决定当作人梯底座，用肩膀托举队友向上攀登。四人全部登上“第二台阶”后，他因体力透支严重，只能留在原地等待队友。

此处海拔8700米左右，含氧量只有平原的三分之一。独自一人的刘连满查看了自己的氧气瓶，发现存量还有不少，于是把开关关死，想着把这些氧气留给队友们下撤归来再用。又怕自己坚持不到他们回来，于是他又用铅笔写了一个字条：

富洲同志，这次我没完成党和祖国交给我的任务，任务由你们三人去完成了。我看氧气瓶里还有一些氧气，留给你们回来时用吧，也许对你们下山有些帮助。你们的战友　刘连满　5月24日

队友们登顶珠峰的那个夜晚，刘连满靠在岩石边躺着，由于高寒缺氧总感觉憋气，头昏沉沉的，整夜不能入睡。万幸的是，那一夜没有刮风。终于，刘连满等来了成功登顶后下撤的队友，大家抱在一起，哭了。王富洲看到那个字条和留下的氧气，又一次紧紧地抱住了刘连满……

平凡而光荣的成长历程

5岁那年，刘连满家乡的盐碱地几乎寸草不生。父亲去世，家中弟兄六人靠母亲讨饭维持生活，但靠吃高粱皮拌野菜长大的童年经历却

给了他异乎寻常的坚强和力量。

11 岁那年，刘连满和家人逃荒到吉林北郊的一个村子，当起了放牛娃。一次放牛遇见一条“狗”，他挥动牛鞭去赶，不料对方扑上来就咬。旁边给地主干活儿的好心人一边挥舞农具冲过来，一边冲他大喊：“小牛倌，那是狼！”

1951 年，刘连满从农村来到哈尔滨机电厂参加工作，被安排在警卫队当战士。他对这份工作很满意，每天穿着军装，握紧武器，认真地站岗执勤。能读书识字的他还利用业余时间勤奋学习，每天休息时给大家读报听。

1960 年，在中国登山队攀登珠峰的第三次行军中，从海拔 7600 米到海拔 7800 米，刘连满一直走在前面开路。由于过度劳累，他出现了严重的高原反应进而昏迷过去，苏醒后怎么也站不起来了。

1988 年，中国、日本、尼泊尔“双跨”珠峰成功，邀请刘连满去北京参加庆功会。那之后，著名解说员宋世雄在节目中多次提到刘连满，却口误说成“已经牺牲了”。后来，宋世雄专门打电话向刘连满道歉。刘连满笑着说：“道什么歉啊，我应该感谢你，还没有忘记我。”

2004 年，刘连满重回贡嘎山。年事渐高的他显得有些吃力，当时只骑了四天马，就有点儿吃不消，并由此感慨“要更加珍惜人生最后一段没走完的路”。同时，他也想起了当年在登山队带队训练时，经常唱起的那首《登山队员之歌》：

住在青山下，帐篷就是家，
早起上山去训练，星星天边挂。
风不怕，雨不怕，雪里滚，水上爬，

东边的月亮升起来，我才把山下；
训练上高山，山在云雾间，
队伍穿过云和雾，人在云中站，
爬悬崖，越山涧，跨裂缝，上高山，
每天我都来登上一座山。

每次哼唱起这首歌，刘连满都觉得浑身是劲儿，仿佛又回到了和队友们一起爬冰卧雪的那些日子。

镜头 2　1975 年中国登山队再登珠峰

“我们 9 个同志，已经胜利地登上了世界最高峰——珠穆朗玛峰！请大本营向毛主席、党中央和全国人民报告喜讯！”1975 年 5 月 27 日，北京时间 14 时 30 分，激动人心的喜讯从珠峰峰顶传来，中国登山队 9 名队员再次从北坡成功登顶珠峰。

1975 年 5 月 27 日，“我们 9 个同志，已经胜利地登上了世界最高峰——珠穆朗玛峰！”侯生福代表登顶队员向大本营报告这一激动人心的喜讯。（中国登山协会资料图）

鲜艳的五星红旗迎风飘扬，在被称为“死亡地带”的珠峰顶上，9 名中国登山队队员停留了 1 小时 10 分钟，没有一个人顾得上吸一口氧气，而是凭借超出常人的意志和毅力，一件件、一桩桩完成了党和人民的重托。

★多“兵种”的大会战

1975 年这次攀登珠峰不仅仅是一次规模庞大的登山运动，更是登山、地质、科考、新闻等多个领域工作者密切配合、凝聚了多方人员心血的高原大会战。在再次成功登顶珠峰的同时，也进行了众多有价值的科学考察工作，填补了很多领域的空白——

把一个 3 米高的红色金属测量觇标竖立在顶峰，精确地测定了珠穆朗玛峰的标准“身高”；成功地进行了心电遥测；在珠峰及其附近 300 平方公里范围内进行了地质考察，取得了这个地区的气象梯度观测资料，采集了冰雪样品；拍摄了珠峰顶峰的照片和影片……这些都为高山科学考察提供了十分珍贵的资料。

1975 年最终登顶珠峰的九名队员分别是突击队党支部书记索南罗布，队员罗则、侯生福、桑珠、大平措、贡嘎巴桑、次仁多吉、阿布钦，还有一位副队长潘多。可实际上参与这次攀登的中国男女混合珠穆朗玛峰登山队总人数却多达 434 人，来自登山、测绘、科考、新闻等多个领域，由汉族、藏族、回族、蒙古族等 8 个民族的队员组成。

这支登山科考队伍刚刚组建时，攀登过海拔 8000 米以上高度的骨干队员，年龄多已超过 40 岁。而年轻的队员中大部分是初次参加登山活动，其中女队员中没有一个登上过海拔 8000 米的高度。

“我们年龄大了些，登上顶峰有困难，成功登顶要靠年轻人。但是海拔 7000 米到海拔 8000 米的路线我们熟悉，请安排把我们的力量用到最高限度的地方吧，消耗我们的体力，保存年轻同志的体力，让他们突击顶峰！”老队员这样说。

“登山队员就要迎着困难上，难字面前不低头，苦字面前不摇头，死字面前不回头。”年轻队员如是说。

人员年轻化正是这次登山的特点之一，但也正是因为年轻，才能在那个特殊的历史时期，凭借着火一样的热情，圆满完成了登山和科考任务。和1960年那次攀登珠峰相比，登山条件已经有了很大改善：装备主要是国产的，制作觇标、报话机、冰镐冰爪都得到了全国各个行业的鼎力支持；最后冲顶前，空军还派直升机将补充的给养送到日

1975年5月27日，突击队员在珠峰顶峰竖立起红色的金属测量觇标。（中国登山协会资料图）

喀则机场，随后运到大本营……亲历过这次登山活动的人，后来每次回想起来仍然会被记忆中那热火朝天的一幕幕场景所感动。

无论是在热闹的大本营，还是条件艰苦的高山营地，科考队员和登山队员始终相互合作，紧密配合。尤其在高海拔地区，科考工作的顺利完成更离不开登山队员的支持与帮助。1975年5月27日登顶当天，当登山队员在珠峰顶峰竖起金属测量觇标时，驻守在距珠峰峰顶7公里至21公里、海拔5600米至海拔6300米高度上的10个控制点上的测绘队员，立刻同时对珠峰峰顶觇标进行了平面和高程的交会观测，取得了一系列完整的测量数据。第一次在珠峰顶峰竖起觇标后，细心的登山队员发现觇标有些歪。为了保证测试结果的准确性和科学性，他们顶着大风又将觇标拔起，重新进行调整。加上取岩石标本、采集雪样、拍照等各项工作，登山队员们一共在珠峰顶峰坚持了70分钟才下撤。

科考工作非常辛苦，在恶劣的自然环境中进行精密的科学测试，数据的采集和获得需要付出非同一般的代价。当时在海拔7000米的高度进行重力测量，就有队员因手指头被严重冻伤不得不接受截肢手术。但无论是登山队员还是科考队员，每个人都觉得自己承担了一份沉甸甸的责任，对工作付出着十二分的心血，认真的态度、高涨的热情感染着每一个人。据当时的队医、中国高山病研究专家李舒平回忆，科考队有个小伙子，用老百姓的话来说就是“文弱书生”，来到珠峰之后一直状态不好，但仍旧坚持工作，结果到了海拔6000米因高原反应呕吐不止，被抬了下来。可躺在大本营的医务帐篷里，他还强烈要求继续上山工作。

★在“第二台阶”架设中国梯

北坳冰壁、“大风口”和“第二台阶”是横亘在珠峰北坡传统攀登路线上的三大难关。其中，北坳冰壁是指从海拔 6500 米的前进营地到海拔 7028 米的 C1 营地之间、高差近 400 米的巨大冰壁，那里堆积着深不可测的万年冰雪，是珠峰北坡最危险的冰崩和雪崩地段。“大风口”是指沿山脊向上攀登到 C2 营地途中，海拔 7400 米至海拔 7500 米这一路段，由于狭管效应，动辄七八级的大风就很容易造成登山人员失温和冻伤——在 1975 年的这次登山过程中，一个突击组一次冲击“大风口”，就有二三十人同时被冻伤。

知识链接：

前进营地，登山路线上位于大本营和突击营地之间的宿营地，为登山者提供休息和补充装备。根据登山高度，沿途可设多个前进营地。

特别值得一提的是，“第二台阶”是任何一个从北坡攀登珠峰的登山者都无法忘记的地方。在海拔 8680 米至海拔 8700 米之间，有一段约 4 米近乎直立的峭壁上没有任何可以攀附的支点，竖立在通向珠峰峰顶的唯一通途上，这是横亘在传统路线上的最后一道难关，也是一道鬼门关。从 1921 年到 1938 年，英国人用了 17 年的时间，7 次到北坡侦察、攀登，最终均以失败告终，到达最高的位置就是这个“第二台阶”。因此，英国人给北坡攀登路线的定义是“飞鸟也无法逾越”。1960 年，中国登山队 4 名队员在首次冲顶珠峰途中同样受阻于“第二台阶”，凭借队员刘连满用自己的肩膀把队友托举起来、搭“人梯”

的办法冲破了首登珠峰路上最后的这道难关，可代价也十分巨大，致使多人冻伤，最终两人截肢。

于是到了 1975 年再登珠峰时，有人提出了架梯子的创意。进过航校的罗志升当时任中国登山协会后勤部长，一提金属梯他就马上想到了，飞机制造中使用的应该是最轻的材料。1974 年冬天，他找到航天工业部，被推荐去当时的国营红安公司寻求帮助。罗志升把情况和诉求跟工程师吴根喜一说，吴根喜很快就设计好了图纸；按要求梯子的重量不能超过 2.5 公斤，制作时使用了专门做飞机机翼的轻合金挤压型材料；为了减轻登山队员在极高海拔的背负重量，梯子两侧和横梁上还钻了很多洞；最后经过在珠峰实地测试，金属梯被连接至 4 米长时能承重 100 公斤……

1975 年，“中国制造”金属梯被登山队员们背负至“第二台阶”，大本营通过望远镜关注着搭建金属梯的每个细节。当梯子架设起来后，大本营一片欢呼。从那以后，每支登山队伍到达海拔 8300 米的突击营地后，首要任务都是查看架设在“第二台阶”的金属梯是否完好，并且加固绳索。直到 2008 年，这副在珠峰北坡服役 33 年的“中国梯”被登山队员用新梯子更换下来，光荣完成了历史使命。

★潘多在珠峰峰顶的 7 分钟

特别值得重点介绍的是，在这次登山活动中，世界上第一次成功地使用了中国自行设计制造的耐低温无线电心电图遥测仪，在 20 公里以外，对登上海拔 7600 米、海拔 8300 米、海拔 8680 米以及顶峰的运动员进行了心电图遥控记录。尤其是在 1975 年 5 月 27 日，北京时间

从珠穆朗玛峰峰顶下撤到珠峰大本营的潘多受到热烈欢迎。（中国登山协会资料图）

14 点 30 分，中国登山队副队长潘多和八名男队员一起，登上了珠峰顶峰。当时在顶峰恶劣的自然条件下，潘多足足躺了 7 分钟，完成了心电图遥测。

心电图遥测需要把心电图的数据信号变成电信号，通过改装的报话机从珠峰顶峰发送到大本营和海拔 6500 米营地。在发送过程中，电信号很容易受到干扰。潘多在顶峰时测试了好几次都没成功，不是没信号就是接收的都是乱码。当时珠峰顶峰的气温在零下 30℃，电池消耗很快，而人体在这个极端的环境中经受的考验更加严峻。报话机里不断传来“肌肉放松、调整”的指令，潘多默默地躺在冰雪之上，强忍着肌肉紧张导致的颤抖，配合指令进行着测试。时间一分一秒地过去了，凝神屏气的 7 分钟，仿佛一个世纪那样漫长……

在大本营的医务组和科考队的高山生理组相互配合下，紧张地进行着这次心电图遥测和数据传输。终于，清晰的信号从顶峰传来，所有人都长舒了一口气。事后才发现，由于受到地形的影响，在海拔6500米营地接收到的信号反而不如大本营的清楚。

人物特写 世界上首位从北坡成功登顶珠峰的女性潘多

1975年登顶珠峰时，潘多已经37岁了，是3个孩子的母亲。攀登世界最高峰，让这个生于西藏农奴家庭的女人的命运与“第三女神”（珠峰在藏语里的意思）紧紧相连。她是世界上第一个从珠穆朗玛峰北坡登顶的女性，也是中国第一位成功登顶珠峰的女性。

世界上首位从珠峰北坡登顶的女性潘多在登珠峰途中。（中国登山协会资料图）

登山改变命运

19岁那年，刚刚组建起来的中国登山队到西藏七一农场招队员，架不住朋友的劝说，潘多参加了选拔。没想到，一个星期后通知书来了，她被选入了登山队。“通知书上说，什么也不用带，登山队什么都有。其实我能有多少东西，有的也是破烂儿。”

潘多是一个坚强且不服输的女人。刚进登山队时，她很瘦，体重才不到100斤。可潘多训练非常刻苦，从来都把标准向男队员看齐，男队员跑多少米她就跑多少米，还总是偷偷加练，而且不让教练知道。

1959年，潘多跟随登山队攀登慕士塔格峰。那是她高山反应最严重的一次，头疼得厉害，呕吐不止，吃不下饭。由于缺少经验，潘多把配发的袜子全都穿上了，结果脚趾活动不开，反而造成了冻伤。1960年，登山队攀登珠峰，女队员随队训练，潘多在大本营学会了包饺子、蒸馒头。1961年，登山队攀登公格尔九别峰，潘多再次被冻伤，并且遭遇雪崩，险些丧命。

与“第三女神”结缘

珠穆朗玛在藏语里是“第三女神”的意思，而潘多的名字与“第三女神”紧紧相连，正是缘于1975年中国登山队再次攀登珠峰并承担测量珠峰具体高度的任务。刚得知组建队伍的消息时，潘多既兴奋又无奈：登顶珠峰是她的最大心愿，但当时自己已经接近37岁了，而且还有身孕，能行吗？

潘多在心里合计了一下，这么难得的机会决不能放弃。况且，生下小孩儿后还有半年的时间为登山做准备，时间足够恢复体力和状态。年龄大一点儿，只能说明经验更加丰富。丈夫邓嘉善也非常支持她的决定，并找到登山队的领导，表达了夫妇二人的愿望。登山队领导考虑到队里的年轻人很多，需要有经验的老队员带一带，于是同意了他们的请求。

在生下自己的第三个孩子后，潘多只休养了 20 多天就赶到登山队报到了。离开时，孩子们哭着不让她走。“我也难受极了，心都碎了，不停地掉眼泪。”潘多回忆说。其实她心里清楚登山过程中有时会出现无法预料的危险，更不敢想万一自己回不来孩子们可怎么办，但她只能咬咬牙，下狠心离开。

回到登山队，潘多立刻开始了艰苦的训练，并没有因为自己是老队员就搞特殊。她深知登山必须具备充沛的体能，就和女队员桂桑两人经常偷偷加练。当时女队员要求负重 30 公斤，男队员要求负重 40 公斤行军训练，她俩就偷着往背包里加重量。教练禁止队员加量，查得很严格，等到背包称重时，她俩就赶紧到没人的地方，往外扔东西。双腿上的关节炎是困扰潘多的顽疾，训练时不断地负重爬山，上上下下，膝盖疼得刻骨铭心。潘多咬牙坚持着，打着封闭训练，再加练……

潘多的登山经历和坚韧不拔的精神，无不让人肃然起敬。不过，她也有脆弱的时候，眼泪会在不知不觉间流淌，爆发出内心深处的全部情感。她在印度的山峰上哭过，在公格尔九别峰上哭过，在珠穆朗玛峰上也哭过……这些泪水，让亘古不变的山峰也为之动容。流泪的人，更加坚强，更不会被困难击倒。

在珠峰峰顶创造奇迹

攀登珠峰的行动终于开始了。潘多被分在运输队，带领着几名新队员，向山上营地运送物资。她将自己充沛的体能、丰富的经验、良好的适应性表现得淋漓尽致，而且还显示出巨大的潜力。到达海拔8300米的高度时，一名登山队员出现了很严重的高山反应，神志不清，潘多被安排护送她下山。“我当时心里别提多难受了，可必须服从命令。”潘多自认为这次下撤，冲顶珠峰肯定是没自己的份儿了，只得护送队友回到大本营。可休息了几天，她忽然发现队里给她安排的伙食增加了营养，难道……

果然，队里领导和西藏自治区领导先后找潘多谈话，大意是现在队里就剩下她、昌措、桂桑三名女队员，希望她们作为老队员也去尝试冲顶。潘多一听，心里乐开了花：“我一定会尽力的。”在三名女将中，桂桑的身体条件最好，也最具实力完成冲顶。万万没想到，桂桑在营地烧水时不小心烫伤了脚，即便有心坚持冲顶，可是整个人已经不能走路了。带着遗憾的泪水，在队友的帮助下，她只好提前下撤了。当登山队攀登到海拔8300米营地时，昌措又病倒了，嗓子严重发炎，虽然她一再坚持，但是在昏迷了好几次以后，最终也不得不下撤了。

于是，潘多成了中国登山女队员的唯一希望。“攀登珠峰最高的地方我也没有把握，我很希望她们俩都上去。我和昌措拥别，她哭，我也哭。我心想，要尽最大的努力，决不轻易放弃。”泪水和遗憾化作动力，潘多跟随队友向珠峰峰顶发起了冲击。

来到“第二台阶”时，队员们互相保护，沿着架好的金属梯向上攀登。离峭壁顶部还有1米距离，金属梯长度不够用，他们就用尼龙绳代替，身体往后仰，手攀绳索，脚在直立的岩壁上寻找支撑点，一点儿一点儿往上挪。这时，身前一位队友的背包被岩石钩住了，站在后面的潘多伸手帮他拽了一下，不料用力过猛，她的身体瞬间向后仰去……

“幸亏我反应还算快，抬腿用力一蹬，脚上绑的冰爪使劲插在岩石缝里，这才稳住身体。再往下看，那就是万丈深渊，掉下去就没命了！”可谁又知道，在1961年攀登公格尔九别峰后，潘多的五根脚趾就因冻伤接受了不同程度的截肢手术，致使以后的登山活动她的脚使不上劲，就靠手上的冰镐用力。可想刚才这奋力一蹬有着多大的痛苦。

成功登顶珠峰后，潘多在顶峰恶劣的自然条件下，足足躺了7分钟，配合完成心电图遥测。虽然听到报话机里不断传来“肌肉放松、调整”的指令，“我根本就放松不了，想尽一切办法也不行，太冷了。我不停地发抖，牙齿冻得咯咯直响，顶峰的气温有零下30℃，身体完全不听使唤了。顶峰的风很大，越来越大。忽然有几秒钟，我居然坚持住了，没有动。听到队友说‘可以了’，我赶紧蹦了起来，太冷太冷了，冻死我了！”潘多说，“我们没有辜负大家的期望，终于让五星红旗在珠峰顶上飘扬。我们挥舞着冰镐，齐声高喊‘毛主席万岁’！”

由于日本女子运动员田部井淳子早12天从南坡成功登顶珠峰，因此，潘多与“世界第一个登顶珠峰的女运动员”称号擦肩而过。但是，她却是从珠峰北坡成功完成登顶，同样创造了世界纪录。而且在峰顶上配合完成心电图遥测，迄今为止，只有潘多一个人做到了。

1975 年 5 月 27 日，登顶珠峰的喜讯传来，大本营顿时沸腾起来。（中国登山协会资料图）

2008 年 8 月 8 日，在第二十九届北京夏季奥林匹克运动会开幕式上，八位中国退役体坛名将护卫着奥林匹克旗帜进入会场。其中，潘多最为引人注目，她是八位旗手中唯一一个非奥运项目的代表。年近七旬的潘多精神矍铄，与郑凤荣、李玲蔚、杨扬一起步入会场，接受全世界人民的注视和礼赞，表现出了中国登山健将的气势与风度。

为了迎接这一届奥运会，此前她带领 20 多名志愿者集结出发，前往海拔 5200 米的珠峰大本营。其间，患有高血压症的潘多血压情况非常不稳定，同行的人都劝她取消行程，可她坚决不同意，并说："登山是我多年来的梦想，我不能白回一次西藏啊！"

镜头 3　铭刻在世界之巅的传奇

★史无前例的“双跨”壮举

珠穆朗玛峰是喜马拉雅山脉的主峰，北坡在中国境内，南坡在尼泊尔境内。极度的高寒、严重的缺氧、猛烈的高空风、令人胆寒的冰崩雪崩……但这一切并没有阻挡登山者的脚步，反而成就了一个个不断挑战自我的传奇。

1953 年 5 月 29 日，新西兰人埃德蒙·希拉里和尼泊尔夏尔巴人丹增·诺尔盖从南坡沿东南山脊成功登顶珠峰，这也是人类足迹第一次踏上这座世界之巅；1960 年 5 月 25 日，中国登山队三名队员从北坡沿东北山脊首次成功登顶珠峰；1975 年英国人首次完成了珠峰西南壁的攀登，这也是珠峰最难的攀登路线；1980 年，意大利登山家梅斯纳尔在珠峰北侧单人无氧成功登顶，由此开启了梅斯纳尔时代。

登山运动意味着奋进，意味着勇敢，更体现了人类的自强不息和勇于探险的大无畏气概。登山途中没有现成的路，全凭攀登者去寻找和开启到达巅岭险峰的道路。而“珠峰双跨”则充分体现了攀登者卓越的想象力与行动力。

1964 年，中国登山队成功登顶当时世界上最后一座海拔 8000 米以上的未登峰希夏邦马峰后，当时兼任国家体委主任的贺龙元帅就这样问登山勇士们：“珠穆朗玛峰，你们能不能从北坡上，而从南坡下？”

1988年中、日、尼三国登山队员在大本营。（中国登山协会资料图）

直到24年后，跨越珠峰的创意才终于成为现实。

1985年，中国登山协会向日本、尼泊尔登山组织提议，中、日、尼三国联合组队，实现南北双跨珠峰的计划，很快得到了热烈响应。联合登山队的全称是中国·日本·尼泊尔1988年珠穆朗玛/萨加玛塔友好登山队，珠穆朗玛是我国藏语的发音，意为“第三女神”；萨加玛塔是尼泊尔人对珠峰的称呼，意为“通达天庭的山峰”。

当时，由三国共同确定的双跨珠峰的任务包括三项：通过国际合作促进友好交流和登山技术的发展；从世界最高峰的南北两侧同时登顶跨越；从世界最高峰通过卫星进行电视实况转播。每一项，都是划时代的壮举，都将成为人类攀登珠峰历史上的奇迹。

1988年5月5日，北京时间12点42分，“我登上峰顶了！”从北侧攀登珠峰的中国队员次仁多吉兴奋的声音从报话机中传来，“我代表中华民族，代表中、日、尼三国友好登山队报告，我们上来了！

1988 年中、日、尼三国登山运动员合影。（中国登山协会资料图）

我们的脚下是雪山和白云。”日本队员山田升、尼泊尔队员昂·拉克巴也紧随次仁多吉之后登上峰顶。三个人摇摇晃晃地拥抱在一起，“我们终于成功了！”“祝贺！”“谢谢！”不同国度的语言汇聚在一起，尽管彼此并不清楚各自表达的确切的意思。最后冲顶珠峰这段路一般要花费六七个小时，而这三位拥有非同一般实力的登山运动员只用了大约 4 个小时便完成了，其速度之快可想而知。

为了争取与从南侧攀登珠峰的队员在顶峰会师，他们三个人站在世界最高的地方等了又等，10 分钟、30 分钟、60 分钟……氧气都用完了，峰顶的气温达到零下 30℃，他们的手脚都冻麻木了。

“再坚持半小时，要准备付出代价！” 这是从三国联合双跨珠峰设在北京的总指挥部传来的指令。80 分钟过去了，次仁多吉手指的颜色已经变黑，这是严重冻伤的信号，而且，他携带的氧气早已用光。就在这时，他看到了从北侧攀登上来的中国队员李致新正向自己走来。李致新身上背着两瓶氧气，但次仁多吉拒绝了大本营让他使用其中一瓶氧气的要求，“我可以坚持，留着那瓶氧气给从南侧上来的队员吧，他们更需要。”说完他率先转身出发从南侧下山——这是人类历史上首次在世界最高峰上实现跨越，只可惜的是，由于进度原因，未能实现首批南北登山队员胜利会师峰顶的计划。在世界之巅，次仁多吉无氧守候了 99 分钟，创造了世界纪录！

此时，从珠峰南侧冲顶的中国队员仁青平措、大次仁和尼泊尔队员安格·普巴正在齐腰深的积雪中拼命向峰顶发起突击。他们早上 8 点 25 分出发，比原定出发时间提前了一个小时，但由于行进路线上积雪太深，很多路段不得不跪着用冰镐锄雪开道。15 点 53 分，大次仁在经过长达 8 小时与冰雪的搏斗后第一个从南侧登上峰顶，安格·普巴随后也成功登顶。

此刻，全世界都在注视着珠峰北侧路线上的日本队员山本宗彦，这是人类实现峰顶会师的最后机会了。眼看离峰顶只有 50 米了，山本宗彦摔

1988 年中日尼三国“双跨”世界第一高峰，中方队员次仁多吉（左）和尼泊尔队员在峰顶。（中国登山协会资料图）

倒在地。他试着站起来，但由于太疲劳了，最后只能在冰雪和岩石上向前、向上爬进，手里拖着氧气瓶，爬一阵，喘一阵粗气，甚至还哇哇地哭一通。16 点 05 分，山本宗彦终于爬上了峰顶，日本电视台的三名摄影记者也跟上来了。从珠峰南北两侧登顶的登山队员的手握在一起，他们终于会师了！

在一万米高空上，中国科学院提供的“奖状 2 号”航拍飞机拍下了这个激动人心的画面：身着红、黄、绿色登山服的中、日、尼三国勇士，在地球之巅紧紧地拥抱在一起。16 点 40 分，中国队员仁青平措从南侧成功登顶后，于 16 点 43 分向北侧跨越。17 点整，全部登顶队员安全撤离顶峰，顺利实现了人类从南北两侧双跨珠峰的伟大梦想，完成了世界登山史上一次划时代的伟大跨越。

★“非典”时期的攀登

1990 年，来自中国、苏联和美国的登山者以和平的名义联合攀登珠峰，中国的七名藏族队员成功登顶。

1993 年，海峡两岸六名登山运动员首次携手登上珠峰，吴锦雄成为第一位成功登顶珠峰的台湾同胞。

1998 年，中国地质大学（武汉）24 岁的藏族大学生次落作为中国和斯洛伐克联合登山队队员，在斯方三名队员成功登顶而中方三名主力队员因伤退出的情况下临危受命，以惊人的勇气和毅力孤身奋战，终于使五星红旗在珠峰峰顶上高高飘扬。次落也成为中国第一个登上珠峰之巅的在校大学生。

1999 年，西藏登山队 10 名藏族队员一次全员登上珠峰，并在峰顶

采集到第六届全国少数民族传统体育运动会圣火火种，这是一次充满智慧和奇想的壮举。桂桑成为世界上首位两次从北坡成功登顶珠峰的女性，仁那和吉吉成为中国第一对同时登上珠峰的夫妻。

时间进入21世纪，随着中国国民收入水平不断提高，大众对于业余体育活动的需求不断提升，呈现多元化态势。体验式登山逐渐走进大众视野，登山不再是专业登山运动员的专利，在高山向导和高山协作的带领下，普通人也有了圆梦世界之巅的机会。

2003年春天，来自世界各地的60多支登山队汇集珠峰南北两侧，打算用攀登的方式纪念人类首登珠峰50周年。其中，中国业余登山队A、B两组队员先后成功登顶，掀开了中国体验式登山历史的全新一页。

“攀登到了海拔8000米以上，如果不吸氧气的话，智商就相当于6岁的儿童。距离峰顶最后的50米，我们竟然走了1个小时。”5月21日14点45分成功登顶珠峰的陈骏池是中国联通海南分公司职员。这个毕业于复旦大学计算机系的IT精英从1999年开始一共参加了16次登山活动，每一次登山时都会带着问题，那些问题有的来自书里，有的来自登山实践。他坦言，这次攀登珠峰心理受的煎熬非常大：“在回来的路上，我特地向珠峰磕了三个头，能活着回来太不容易了！”

和陈骏池同组登顶的梁群是一位身材娇小的女性，就职于深圳大学行政部门。她的丈夫李伟文也在这次的冲顶队列中，但由于攀登到“第二台阶”时已经到了规定的关门时间，出于安全考虑遗憾放弃登顶。2002年在他们攀登玉珠峰北坡的时候，也曾因为抢救队友下撤放弃登顶。事后谈及这次登顶珠峰，梁群表现出一如往日的低调与平静。她说，虽然是登珠穆朗玛峰，但没有什么特别的感受，只是动静大了点儿。

5月22日14点37分，登山队B组队员、深圳万科企业股份有限公司董事长王石成功登顶，他是当时中国登山史上登顶珠峰年龄最大的人，52岁。珠穆朗玛峰，原本曾经是一个王石打算确立为人生成就最后目标的地方，因为在这七年前，医生诊断他下半生有可能瘫痪，所以他要在能走路的时候去圆一个登顶珠峰的梦。可没想到，此行却成为一个开始。在珠峰，王石树立了不断攀登的目标，此后，他又登顶了海拔6178米的玉珠峰、海拔7546米的慕士塔格峰、海拔7543米的章子峰、海拔5892米的非洲最高峰乞力马扎罗山、海拔6194米的北美洲最高峰麦金利山。企业家王石用自己一步一个脚印的亲身经历告诉人们，他实际上也是一个普通的山友。

22日凌晨，当王石从海拔8300米营地向峰顶发起最后的冲击时，中国业余登山队中实力最被看好的一位、大连圣亚极限俱乐部创始人刘福勇却毅然放弃了冲顶的机会。原来，一支英国登山队的队员在海拔8400米的“第一台阶”处摔断了腿，他们希望得到帮助。在登山过程中放弃登顶救援攀登者是一个惯例，中国登山队B组队员在向海拔8300米营地挺进的时候接受了这个救援任务。

然而，氧气要为接应A组队员预留，还没有回到营地的陈骏池需要有人护送下山。这个时候，刘福勇站了出来。“我留下”这三个字在海拔8300米的高度说出来是需要很大决心的，毕竟顶峰就在眼前了。因为体力透支，陈骏池直到晚上11点才回到海拔8300米营地。此前，刘福勇在营地为小陈高举头灯引路，整整坚持了1个小时。事后刘福勇说起放弃冲顶的理由很简单：“我身体好，能救护队员下山。”

登山运动可以称得上是最接近大自然、最为艰苦、最具挑战性的一项探险运动。登山运动员在巍峨的高山挑战自我，没有观众，没有掌声和喝彩，也没有金牌和鲜花。然而，他们用生命创造的奇迹，奏响了人类最美好的友情颂歌，为自己的祖国、为人类赢得了荣誉。

在这次攀登珠峰的活动中，A组队长、时任西藏登山协会副秘书长的尼玛次仁通过电视直播向全国人民深情问候，正在艰难抗击“非典”病魔的中国人民从登山健儿奋力拼搏的壮举中汲取了巨大的精神力量。

时任中共中央总书记、国家主席的胡锦涛同志以“不畏艰险、顽强拼搏、团结协作、勇攀高峰”总结了登山精神，肯定了2003年春天这一登山壮举，“极大地鼓舞了全国人民为夺取抗击非典和促进发展双胜利而奋斗的勇气和信心”。

2003年“非典”期间珠峰业余登山队的攀登活动为中国登山界带来了深远的影响。图为当年珠峰北坡“第二台阶”的攀登盛况。（中国登山协会资料图）

第二章　奥运圣火　闪耀珠峰

——2008 年北京奥运火炬接力珠峰传递

DIERZHANG

AOYUNSHENGHUOSHANYAOZHUFENG

2008 年 5 月 8 日，采自希腊奥林匹亚的圣火，满载殷殷祝福，飞越万水千山，在世界最高峰——珠穆朗玛峰完成接力传递。

9 点 11 分，13 分→14 分→15 分→16 分→17 分；

8814 米，8840 米 →8841 米 →8842 米→8843 米→8844 米；

罗布占堆，吉吉→王勇峰→尼玛次仁→黄春贵→次仁旺姆；

点火，第一棒→第二棒→第三棒→第四棒→第五棒！

天空祥云缭绕，大地洁白无瑕。清凛的寒风中，火炬顶端跃动着橘红色的圣火火焰，五星红旗猎猎飘扬，中国登山队再次创造奇迹！

奥运圣火在珠峰峰顶点燃。（中国登山协会资料图）

蓦地，珠穆朗玛峰峰顶沸腾了！处于海拔6500米的登山指挥中心帐篷里沸腾了！屏气凝神守候在电视机前、收音机旁的中国人民沸腾了！

9点17分，岁月仿佛定格在这个时刻；

8844.43米，历史将铭记这个高度。

从奥林匹斯山到珠穆朗玛峰，奥运圣火，曾通过人造卫星在太空传递，曾在深海遨游实现水火交融的奇景……如今，穿越幽暗的夜色、朦胧的晨曦，踏过凌厉的坚冰、迷蒙的雾霭，它首次登上具有世界第三极之称的珠峰，在“神山”之巅洒下光芒。

激情飞扬的梦想，气吞河山的壮举；情不自禁地欢呼，热泪盈眶地回首……山上、山下，人们紧紧拥抱在一起，哽咽和热泪变成一道道祝福：“中国万岁！奥运万岁！”

为了这一天，中国，已经等得太久了！

镜头1　创意实施　几多波折

2003年，中国业余登山队成功登顶珠峰，并完成全程电视转播，为2008年实现北京奥运火炬接力珠峰传递及电视转播进行了一次成功的探索和尝试，亿万人民无比期待着五星红旗与奥运火炬一起出现在世界之巅。

奥运火炬第一次在世界最高峰成功实现传递，在世界奥林匹克史上留下了浓重的一笔，兑现了中国对全世界的承诺，也第一次完成了登山运动与奥林匹克运动的对接。

然而，把奥运火炬送上珠峰的独特创意从缘起到实施，也经历了许多波折。

2001 年 2 月，中国登山协会把第二十一届世界大学生运动会获取火种的创意加以修改和补充，最终形成了带有鲜明登山特色的“五环”创意：在亚洲、欧洲、非洲、北美洲和南美洲这五个大洲的最高峰峰顶采集火种，然后在天安门广场与中华文明之火汇集，共同组成北京奥运会的圣火。来自五大洲最高峰的火种正好和奥运五环的标志相印证，而完成在峰顶取火的任务当然不能缺少登山人的参与。

然而，创意报告提交给当时的北京 2008 年奥林匹克运动会申办委员会（简称北京奥申委）后，却未能获得通过，理由是奥运会火种不能取自雅典以外的地方。无奈，这个计划搁浅了。

2001 年 2 月 20 日，国际奥委会评估团主席海因·维尔布鲁根一行来到北京考察。就在一个乍暖还寒的冬末傍晚，时任中国登山协会常务副主席李致新接到了来自北京奥申委的电话。似乎一夜之间，事情又会出现转机。

“奥运圣火有没有可能通过珠峰传递过来？”电话那端，北京奥申委领导在等待着答案。李致新明白，这实际上就是在询问奥运圣火跨越珠峰传递的可能性。早在 1988 年，中国、日本和尼泊尔三国联合攀登珠峰的活动中，就已经实现了登顶珠峰南北两侧的“双跨”，而李致新恰恰正是当年登顶的中国登山队队员之一。从登山的技术上来

讲，跨越珠峰并不是问题，但让人担心的是适宜登山的季节是否能和火炬传递的时间相吻合。

“我觉得没有太大问题。”凭着对中国登山运动员实力的了解和信任，李致新实话实说，然后思量片刻又补充了一句，“任何时间传递都没问题。”

得到了这样肯定的答案，北京奥申委的领导同志仿佛吃了一颗“定心丸”。随后，准备申报材料、绘制攀登路线图等一系列工作立即展开。在成功获得第二十九届奥运会主办权之后，经过多方协商最后确定：奥运火种到达中国后，将在北京分出一个分火种，并在适当的时候把这个分火种带到珠峰峰顶，进行火炬传递的展示。当国际奥委会把北京定为 2008 年奥运会主办城市时，也给了登山运动和奥林匹克运动一次亲密接触的机会。

那个缘于世界大学生运动会峰顶获取火种的创意，几经修订，几经波折，终于等到了施展拳脚的一天。然而，将这个凝聚集体智慧的独特创意变为现实，这背后离不开祖国和人民的强大支持，离不开不畏艰险、顽强拼搏的登山健儿的亲身实践，更离不开全国各个协作部门工作人员的无私奉献……

2008 年的春天，跃动在珠穆朗玛峰峰顶的奥运圣火，也见证了一段中华民族万众一心、勇攀高峰的传奇！

镜头 2　严寒中的战斗

2006 年 7 月 24 日，北京奥运火炬接力珠峰传递领导小组正式成立，登山运动员选拔、集训等工作随即陆续展开。2007 年 5 月 9 日，17 名登山运动员成功登顶珠峰并点燃火炬，电视信号成功传输。预演取得成功，为 2008 年北京奥运火炬在珠峰实现正式传递增添了一把信心之火。2008 年 3 月 1 日，首批登山物资从北京启运，北京奥运火炬接力珠峰传递活动正式拉开了大幕。

3 月底的珠峰，一片冰天雪地的寒冷景象。而且这一年大风又有明显增强迹象，在海拔 5200 米的大本营，超强大风能把刚刚建好的帐篷转眼之间就吹跑了。火炬研发、气象预报、电视转播等部门工作人员刚进驻大本营，肆虐在世界屋脊的寒冷就给初来乍到的人们来了个“下马威”：早晨醒来一摸睡袋，夜里呼出的热气遇冷凝结，睡袋口竟然结了薄薄的一层冰；杯子里隔夜的水冻成了硬邦邦的冰坨；从食堂走回帐篷，不过一两分钟时间，刚洗完的饭盒就结了冰，居然盖不上了！

队员借助金属梯越过冰裂缝。（中国登山协会资料图）

在这样天寒地冻的条件下，紧张的登山建营工作依然如期展开。开赴高山营地的先遣队陆续将海拔 5800 米和海拔 6500 米营地建好后，迅速打通了通往海拔 7028 米北坳营地的行进路线。到 4 月 11 日，仅仅用了 10 天的时间，登山队就已经打通了通向海拔 8300 米营地的路线，并向海拔 7790 米营地运送了 119 瓶氧气和 3 顶帐篷，完成了整个登山计划中 70% 的工作。如此神速的进度离不开体力和技术同样出色的修路组前期的艰苦努力，同样也离不开年轻的登山队员跨营地、超负荷的辛苦运输。以队员罗布占堆为例，从高山营地到北坳的运输中，他一次就背负了 400 米路绳，约有 35 斤重；在后来从北坳到海拔 8300 米的跨营地运输中，他又背负了 3 瓶氧气，约有 20 斤重。说起队员们的辛苦，尼玛次仁副队长感慨地说："大家都非常辛苦，我看了都于心不忍。"

攀登北坳冰壁。（中国登山协会资料图）

不过，在年轻的登山队员眼中，这些都不算什么。这些从小长在贫苦藏区的孩子们爱山也能吃苦，他们以一种积极乐观的心态面对攀登活动中遇到的种种困难。小扎西次仁身背 3 瓶氧气，仅用了 5 小时 40 分钟就在海拔 6500 米营地和海拔 7790 米营地之间打了一个来回，而这段路程一般登山者要用两天才能完成。5 小时 40 分的最快纪录，对于这些年轻人来说，似乎更像一种冲刺的动力，一个超越的目标，更重要的是，7 年前的中国诺言沉甸甸地装在他们的心里。

镜头 3　艰苦卓绝的运输

这次活动和往年攀登珠峰有着太多不同，仅从修路、运输方面而言，这次登山所需的氧气、绳子、食品等物资都要由队员自己背负上山，

海拔 6500 米的前进营地。（中国登山协会资料图）

完全没有高山协作或其他登山队的合作，艰苦程度非同一般。

向海拔 7790 米营地前进。（中国登山协会资料图）

一天晚上，运输了一天的队员们都躺在高山营地帐篷里休息。副队长罗申听见帐篷外面隐约传来了哭声。他钻出帐篷，发现女队员次仁旺姆正站在那里抹眼泪，旁边是她的弟弟次仁旦达，手里拿着一听饮料，剧烈地咳嗽着。

原来，为中央电视台担任高山摄像的次仁旦达当天从海拔 7790 米下撤，又因为海拔 7028 米营地的炉头不够，无法做饭，只能连夜下撤到海拔 6500 米营地。旺姆心疼弟弟，赶忙出来接应，顺手递上了一听饮料。不想次仁旦达喝得急了些，原本被高寒风吹了一天的呼吸道猛然受到刺激，一下子把饮料全都吐了出来。昏暗的光线中，次仁旺姆看见弟弟吐出的液体是红褐色的，以为是吐了血，一下子慌了神，吓得哭了起来，急着想把弟弟送下山。罗申副队长赶忙走到次仁旦达身旁，经过一番询问和仔细检查之后，他拍拍次仁旺姆的肩膀安慰说：“没事的，那是饮料的颜色！”

一场虚惊之后，第二天队员们又继续背负物资，前往下一个高山营地。运输的队伍行进在北坳高达四五百米的冰墙上形成壮观的“之”字形；队员们弓着身体、几乎是匍匐着从风速超过十级的“大风口”处通过；经过海拔 7028 米营地、经过海拔 7790 米营地，再到海拔 8300 米营地，一半以上的队员无氧负重、跨营地运输，肩上的背包越来越沉，脚下的路越走越长，仿佛永远也走不到尽头……夜晚，队员们蜷缩在睡袋中，腰腿疼痛此刻全部异常猛烈地来袭，海拔升高和过度劳累之后导致高原反应加重，就连睡觉竟也成了一种奢望，只能是听着帐篷外嘶吼的大风声，半梦半醒地熬到天亮……

镜头 4　一个人的登山路

从 2008 年 4 月中旬开始，队员洛则出现了咳嗽等症状，医生安排他接受输液治疗。4 月 19 日以后，在大本营休整的队员陆续分批上山了，而洛则每天的输液仍在继续，登山队领导和医生建议他下山好好休养。22 日，洛则拗不过大家的劝告，只好同意回拉萨接受检查。临走，他心有不甘地说：“如果确诊没事，我马上就回来。”

洛则满脑子想的都是赶紧上山，和队友们一起修路、运输设备物资。他下山当天，罗申、李富庆带领一组队员上到海拔 7790 米营地。狂风吹得人根本直不起腰来，费了 3 个小时大家才勉强搭起了一顶帐篷。

4 月 23 日下午，洛则到西藏军区总医院进行了全面的身体检查，医院还请来了专家进行会诊。在得到医生“可以登山”的肯定答复后，洛则归心似箭，马上踏上了返回大本营的路。只用了 3 个多小时，洛则就从拉萨赶到了日喀则。24 日下午，他手拿着检查病历，满脸微笑

地回到大本营。26 日中午，迫不及待的洛则终于背起行囊，再次上山了。这次出发的只有他一个人，坚定而执着地追赶着队友的脚步。

镜头 5　奥运火种灯灭了怎么办

成功登顶珠峰、实现火炬点火并接力传递，以及电视转播取得成功，这是北京奥运火炬接力珠峰传递活动的三大核心，其中有任何一个环节出了问题，整个活动都不能圆满完成。为了解决奥运火炬能在世界最高峰点燃并接力传递，担任火炬研发任务的航天科工集团从 2006 年 9 月就开始进驻珠峰大本营进行实地测试，收集数据并不断改进。2008 年 4 月 25 日晚 8 点 50 分，万众期盼的北京奥运圣火火种终于在暮色之中送达珠峰大本营。

4 月 27 日中午，队长王勇峰从海拔 6500 米的高山营地匆匆赶回大本营。第二天，他和火炬研发部的技术人员进行了一次详谈。如果在海拔 8300 米以上，火种灯全部熄灭了怎么办？为了防止这种情况发生，火炬研发部制作了应急预案卡片，将可能出现的各种意外情况和解决办法一一写在了上面。

王勇峰听着技术人员的介绍，眉头紧锁。对于登顶珠峰，经验丰富的他并不太担心，更何况眼下他所带的这支队伍几乎包括了当时中国登山界实力最强的队员。他所担心的是，火炬能不能顺利点燃并完成接力传递。“引火器的数量一定要准备充足，和燃料一起要尽快安排运输上山。”王勇峰说道。

为了保证火种灯在圣火接力传递开始前始终正常燃烧，保证能够顺利点燃奥运火炬，综合以往登山的实际行进情况，大家最终商量出比较保险的方案：从海拔 8300 米营地出发后，背两个火种灯上去，其中一个备用；在通过“第二台阶”、快到顶峰时，有时间休息就检查火种灯的燃烧情况，并添加燃料；操作时两个队员负责一个火种灯，一个手持火种灯，另一个负责用引火器点火。“一定要选择能力最强的队员进行这些操作。”火炬研发人员反复强调着。

5 月 1 日，大本营组织用集体捡垃圾的环保行动来欢度劳动节。与此同时，在海拔 6500 米营地中，火炬研发部为安排冲顶的重点队员进行了最后一次技术培训。负责这次培训的是火炬研发部试验队队长高炳欣，已过不惑之年的他曾经参加过北京马拉松长跑比赛，能用 25 分钟爬上香山。接受奥运火炬珠峰传递研发任务后，他两年内三次带队来到大本营。

吉吉、次仁旺姆、罗布占堆……队员们很快集中起来。其实，为了保证火炬能够顺利在珠峰峰顶点燃、接力传递，像这样的培训已经进行了十余次。队员们拿到操作说明、应急预案卡片等材料，其中的操作步骤早已记得滚瓜烂熟。但是，没到最后成

知识链接：

奥运火炬火种灯与矿灯原理相同，用来保存奥林匹克圣火的火种，主要用于火种迎接、圣火点燃、圣火展示等活动。

国际奥林匹克委员会要求，为了保证圣火的尊严和火炬接力的纯洁性，火炬接力运行期间要保持圣火持续燃烧。一旦火炬熄灭，必须用保存在火种灯里的圣火火种引燃火炬，以确保奥运会开幕式上主火炬是由来自奥林匹亚的圣火点燃。

在海拔6500米的前进营地，队员练习火种灯引火操作。（中国登山协会资料图）

功的那一刻，谁也不敢放松下来，强化训练仍然要继续进行。

这一天的培训主要是让队员们预演从火种灯中点火，点燃火炬，再完成火炬传递的一系列过程。毫无意外，一切顺利。不过，高炳欣的心里还是不踏实，他对操作难度最大的火种灯始终放心不下。5月2日一大早，他又找到专门负责火种灯的罗布占堆，要求这个藏族小伙儿把操作要点再重复一遍。8个小时添加一次燃料，每天早晨起来、到达当天计划营地和睡觉之前各检查一次火种燃烧情况，及时为火种灯掏灰……罗布占堆条理清楚地说着，如同在讲述登山技术一样，这已经成为他下意识的本能。

高炳欣满意地笑了，决定当天就下山，返回大本营。他胸有成竹地说：“看到负责火种灯的罗布占堆，我就放心了。我相信他肯定没问题。”

镜头 6　秘密护送火种灯

除了技术因素，火种灯的运送行程也成了这次活动中精心安排的环节。按计划，当火种灯从大本营出发被送往高山营地时，也就意味着整个活动吹响了冲顶的号角。不过，火种灯从抵达之日起就成了大本营的“明星”，安放火种灯的军用帐篷 24 小时有武警战士守卫。

为了保证奥运圣火设备的运送安全、顺利，4 月 29 日下午组装完成的奥运火炬在众多媒体、工作人员的欢送中，先期启程被送往高山营地，而火种灯的运送则“低调”了很多。5 月 4 日清晨 6 点半，天还没有亮，山谷中漆黑一片，整个大本营还在熟睡之中。而在大本营通往高山营地的喇叭口处，却在进行着一场简单而庄严的出发仪式。苏子霞、周凌宇、丁晨和徐颖 4 位 20 岁上下的大学生登山队员从总指挥李致新手中郑重地接过火种灯，和边防武警战士一起冒着清晨的严寒和风雪，护送圣火前往高山营地。

5 月 5 日下午，担任冲顶任务的登山队员陆续通过距离前进营地 50 米远的边防检查站，向山上走去……

“50 米，近在咫尺的距离，我却没有机会跨过去了……”唯一一名女大学生登山队员苏子霞站在帐篷旁边，一下子哭出了声音。这个身材娇小的南方女孩儿曾于两年前登顶海拔 8201 米的世界第六高峰卓奥友峰，在 2007 年和 2008 年的珠峰火炬接力传递测试和正式攀登中，最高登达海拔 7790 米高度。

为了这次火炬传递，一共有九名大学生暂时中止了学业，进行了

挑战身体极限的训练，并在两年的时间里迅速地完成了从业余爱好者到登山运动员的转变。虽然在最后的时刻，他们没能进入冲顶的名单，却毫无怨言地服从安排，承担起了护送火种、接应队员等任务。在这个英雄的集体中，他们接受了一次生动的爱国主义、集体主义教育，用他们宝贵的青春时光谱写了一段为祖国荣誉无私奉献的难忘经历。

镜头 7　到底什么时候能登顶

要想成功登顶珠峰，“三分在人，七分在天”，天气状况是关键性因素。从海拔 6500 米营地出发到登顶大概需要四天时间，因此，需要气象部门提供 4 天之内的准确预报。

为保证预先知道登顶的最佳时机，中国气象局派出了强大的阵容，中国气象首席预报员亲自坐镇大本营进行预报，每天的气象专报都由专人送到总指挥李致新手中。

按照活动原计划，在天气状况允许的情况下，4 月底就应该实施冲顶，以减少各方面压力。但是，4 月底天气状况一直不太理想，海拔 8000 米以上几乎没有出现低于每秒 20 米（8 级）风速的好天气，使得登顶的正式实施时间一拖再拖。

时间在一点点流逝，转眼就进入了 5 月。每一天的等待都意味着登山队员体力的下降和食品等物资的大量消耗。

由此，活动指挥部调整了方案，确定了“在一个好天气周期内（两三天内）实施修通海拔 8300 米到顶峰路线、运输物资到突击营地和实施登顶这三项任务”的计划。

计划初步定在5月初登顶，但是天气预报显示，3日左右珠峰地区将有降雪。“新雪三天不宜出行”，这是登山的规矩。果然，3日早晨，纷纷扬扬的一场中雪又将登顶的计划实施推迟了。

知识链接：

突击营地，位于登山路线上最靠近顶峰的宿营地。登山者能够来到这里，就说明你有登顶的机会了。一般在这个营地登山者很少休息，尽量吃喝，并保持安静状态，夜间可以吸氧。珠峰北坡传统攀登路线上的突击营地位于海拔8300米左右。

为了得到更加准确的天气预报，气象部门增加了探空气球的放飞密度，每天两次施放探空气球，全天候进行天气形势的跟踪和分析。鉴于指挥部又将计划冲顶日期调整到5日，气象部门给出建议：降雪不利于电视转播，而且在珠峰地区小雪有可能转成大雪。指挥部根据建议再次做出决定，避开5日，择机攀登。最后经过多次研究，确定7日比较合适，但前提是登山队员将冒着雪后遭遇雪崩的风险攀越北坳。

“登山原本就是艰苦的、充满挑战的运动，哪能一点儿风险都没有！”作为成功登顶世界七大洲最高峰的登山家，总指挥李致新果断地做出了决定，并进行了周密的战术安排：在行进过程中队员要拉开距离、时刻提防可能发生的流雪和雪崩等危险。

5月3日凌晨4点半，19名运输组的队员就从海拔6500米营地出发，到达海拔7790米营地，将40瓶氧气和2100米路绳装进背包，运输到海拔8300米营地，并于当晚10点半全部安全下撤到海拔6500米营地。

这是正式实施登顶之前的最后一次运输，也是最为辛苦的一次运输。由于当天雪天能见度低，队员们不得已摘掉了结雾的雪镜，小旺堆等五名队员先后出现了雪盲症状。晚上回到营地帐篷里，针扎一般的疼痛折磨得他们坐立不安，频频流泪，不得已戴上了厚厚的眼罩，吃饭睡觉都得靠队友帮忙。然而就是在这种恶劣的天气条件下，运输组的队员们冒着风险，把全部冲顶物资运送到了突击营地，为实施最后的冲顶做好了准备。

登山队员携带北京奥运火炬攀登珠峰。（中国登山协会资料图）

镜头 8　火药味十足的新闻发布会

当冲顶的一切准备工作已经箭在弦上时，珠峰上空又纷纷扬扬地下起了雪。5 月 3 日的大雪沉甸甸地压在人们心头。5 月 4 日晚上，王勇峰、罗申和尼玛次仁在海拔 6500 米营地召集登山队队员开会，正式宣布了冲顶队员名单。

5 月 5 日下午，在珠峰大本营的绒布寺新闻中心举行的发布会上，则充满了一股“火药味”。中国登山队新闻发言人张志坚向媒体记者讲解了气象条件对登山运动的影响，以及目前攀登珠峰的不利气象条件，并明确指出降雪容易带来迷路、冻伤等不利影响，令登山队员体力消耗增大。同时积雪还会造成路绳、路标被埋，进而导致路线重修、物资消耗增大等情况发生，甚至会影响整个登山活动的实施进程。

但是，大多数对登山运动并不熟悉的记者仍旧将问题焦点锁定在“何时登顶”上，此时他们不关心过程，只想要结果。一个外国记者甚至傲慢地表示，如果在新闻发布会上不能得到有用的信息，他将会考虑是否继续进行接下来的报道。

对于此类质疑和追问，张志坚一笑了之。他耐心地解释说，登山是一项艰苦、具有风险的运动，应给予登山者充分理解和尊重。同时他也强调，登山又是一项科学的运动，勇敢的登山者不在乎来自各方的压力。

其实，这次奥运圣火登顶珠峰的活动，不仅给了中国登山者一次难得的为国效力的机会，更给了普通人一次了解登山运动、理解登山运动的学习机会。第一次在如此广泛的关注中，展现登山运动在辉煌的登顶背后，还有更多的艰辛、危险和压力，当然也少不了科学规律。

镜头 9　一推再推的登顶预告

就在指挥部将计划 7 日冲顶的实施方案报告给北京时，气象部门又发来预报：7 日海拔 8000 米以上风速过大，最大阵风将达到 10 级以上。根据这个情况，指挥部不得不调整方案，将冲顶计划又延期一天。

5 月 7 日下午，王勇峰带领冲顶队员到达海拔 8300 米营地。就在当天上午 10 点半，由 11 名藏族优秀登山运动员组成的修路组已经成功登顶珠峰并架设好路绳。在中国登山队攀登珠峰的历史上，把路修到峰顶，这还是第一次。这样做的目的是为了保证次日火炬在峰顶接力传递和进行电视转播时，所有队员的安全得到最大保障。

登山队员攀登“第二台阶”。（中国登山协会资料图）

2008 年这一年的 5 月，珠峰北坡的攀登路线上雪少、风大、岩石多，中国登山队选择了精兵强将担任先头部队。要知道，修路组的队员每个人都具备冲顶珠峰的实力，但是他们却服从大局，听从安排，克服了种种困难，跪在冰壁上挂路绳、在深不见底的冰裂缝上架设金属梯……用无畏的身躯为身后即将冲顶的队员在风雪之中开辟出了一条安全之路。

此时，包括突击组、支援组在内的冲顶队员都集中在高山营地，按照计划准备 8 日凌晨实施冲顶。此前，为了更好展示火炬在顶峰接力传递的盛况，中央电视台已经做了两年多的精心准备。但是为了确保活动安全顺利，从 2008 年 4 月进驻大本营以后就一直没有进行任何有关攀登内容的直播。此时此刻，第二天即将实施冲顶，而电视前的观众却还不知道活动进程已经到了箭在弦上的程度！为了能获取全国人民的更多关注，中央电视台决定在当晚《新闻联播》中进行直播预告，连预告片都准备好了。

海拔 8300 米的突击营地。（中国登山协会资料图）

就在冲顶队员聚集海拔 8300 米突击营地为最后的冲顶养精蓄锐时，国家体育总局、北京奥组委等多方领导连夜赶到位于北京的中央电视台，在直播室进行现场办公，最后研究决定：

晚上 7 点暂不播发活动预报，改到晚上 9 点 58 分，通过节目正式对外公布第二天冲顶的消息。

镜头 10　冲顶夜无人入眠

5 月 8 日凌晨 1 点，悠扬的乐曲通过对讲机传到海拔 8300 米突击营地，将冲顶队员们从睡梦中唤醒。半个小时后，19 名队员分批出发，向峰顶突击。

此时，海拔 5200 米的大本营中灯火通明，气象、火炬研发、电视转播等部门的工作人员都在各自岗位上紧张工作着。在登山队指挥帐里，领导小组组长胡家燕和西藏自治区政府副主席吴英杰、活动总指挥李致新坐在一起。这位年逾六旬的老人彻夜未眠，她一只手扶着吸氧的导管，一只手紧握着与北京联系的手机，通过对讲机里传来的讯息，时刻关注着冲顶队员的一举一动。

早上 6 点，登顶活动的电视转播正式开始。然而，由于登山队伍行进太快，凌晨 5 点半左右冲顶队员就已经陆续到达“第二台阶”，而此时的珠峰地区还笼罩在一片黑暗之中，高山摄像无法将这一画面记录下来。“现在上升的速度太快了，你们要控制速度，慢一点儿！”在大本营的指挥帐里，连续几夜未合眼的总指挥李致新冲着对讲机喊道，声音沙哑。

6 点 50 分，气象部门送来了最新的天气预报：海拔 8000 米到海拔 9000 米，风速每秒 14 米，西南风，最高气温零下 26℃……气象条件有利于登顶。7 点左右再次预报：海拔 8800 米高度，风速每秒 16.7 米，

修路队员即将到达“第三台阶”。（中国登山协会资料图）

峰顶风速每秒 18.1 米。这是一个完全适宜登顶的好天气。

7 点 27 分，登山队队长王勇峰的声音从对讲机中传来：“预计 9 点左右登顶。” 此时，负责电视转播的中央电视台也给同时进行冲顶的高山摄像下达了命令：“阿旺，随时可以开机拍摄！”负责峰顶拍摄的一共有 4 组机位，一组两个人， 8 人全部来自西藏登山学校。很快，亿万观众通过电视画面，看到了此次攀登地球之巅的惊险历程：在海拔 8800 米的悬崖峭壁上，登山队队员侧身通过。此时，高山摄像次仁旦达正手持移动微波，对准大本营的位置，为了给冲顶队员让路，他正双脚悬空，坐在悬崖边上……

“旺堆，非常好！微波信号也很好，保持住！旺堆，镜头非常漂亮，你自由发挥吧！”央视技术总负责黄平刚的肯定指令，通过对讲机传递到高山上，他在为所有出色的高山摄像喝彩。

8点05分，冲顶队员陆续到达最后的大雪坡，即海拔8830米左右高度。

2008年5月8日黎明，登山队员翻上珠峰第三台阶（海拔8750米），即将到达顶峰。太阳将万丈光芒温暖地洒在地球之巅，巨大险峻雪檐之上是登山队员矫健而自信的身影。（摄影：阿旺扎西）

9点整，已经在高寒缺氧的环境下艰难跋涉6个多小时的冲顶队员全部成功登顶！此时，峰顶火炬接力传递的条件已经具备，重点队员在队长王勇峰、副队长罗申的招呼下，按照传递顺序在雪坡上排好队列……

9点11分，北京奥运圣火珠峰传递突击队员罗布占堆在珠峰峰顶成功地通过火种灯点燃了祥云火炬。

9点12分，在距峰顶30米处，罗布占堆举起手中的祥云火炬，将队友吉吉手中的第一棒火炬点燃。奥运火炬在珠峰的接力传递仪式正式启动。39岁的吉吉作为第一棒火炬手有着特殊的意义：山，让吉吉遇到了自己一生中最爱的丈夫，却也让她失去了自己生命中最爱的这个人。

9点13分，队长王勇峰迈上冰阶。作为中国登山队队长，45岁的第二棒火炬手王勇峰是队中登山阅历最丰富的人。他曾在1993年登顶珠峰下撤时遇到危险，并为此付出了三个脚趾被截去的代价。

9 点 14 分，第三棒火炬手尼玛次仁在点燃手中火炬时，兴奋地高喊出了：“One world， one dream！”40 岁的尼玛次仁创立了西藏登山学校，培养出了大批优秀的高山向导和高山协作。

9 点 15 分，第四棒火炬手大学生黄春贵手中的火炬燃烧起来了。这个出生在云南的小伙子是队里唯一靠助学贷款上学的大学生。

9 点 17 分，次仁旺姆高举火炬。作为最后一棒火炬手，藏族姑娘次仁旺姆是登山队里最年轻的队员，曾经在一年内连续攀登上两座海

2008 年 5 月 8 日，北京奥运火炬接力珠峰传递中国登山队在峰顶展旗。（摄影：罗申）

拔 8000 米以上的高峰。她神情肃穆地高高举起手中的祥云火炬，完成了寓意着“圣山、圣火、圣女”的奥运火炬珠峰传递。

此时，上苍仿佛也送来祝福，珠穆朗玛峰峰顶被一团“祥云”笼罩；不久之后，天空中又出现了两道美丽的彩虹，仿佛是在庆祝这个举国欢庆、举世瞩目的重要时刻。

在地球之巅，意蕴光明和温暖的奥林匹克圣火熊熊燃烧，象征着人类的精神之巅点亮了一盏明灯。这不仅宣示了人类挑战自我和探索自然的不懈追求，同时从心灵上，完成了一次人类回归精神家园的壮举。

镜头 11　甘当人梯　亲如兄弟

和每次登山活动一样，登顶只是成功了一半，全部队员安全下撤才意味着活动圆满完成。当登顶队员们在峰顶欢庆胜利时，接应组组长平措正率领一组队员，从海拔 7790 米营地赶往海拔 8300 米营地。为了保证登顶队员在下撤和返回途中的安全，按照活动计划，在海拔 6500 米、海拔 7028 米、海拔 7790 米和海拔 8300 米营地都安排了接应保障。

平措和接应队员用最快的速度向预定地点冲刺，平时要走两个半小时的路，他们只用了 1 个多小时就赶到了。当登顶队员陆续下撤时，平措、旺多和次仁顿珠开始在接应营地化冰烧水。天寒地冻，极度缺氧，为了让下撤的队友喝上一口热水，他们同时点燃了七八个炉头。

在峰顶拍照、举旗，戴着厚厚的羽绒手套不方便，许多队员索性摘掉了，只保留了一层抓绒手套。德庆欧珠的手指就这样被冻伤了。

回到海拔 8300 米营地，平措赶忙上前检查伤势，又从地上抓起一团雪，小心地帮受伤队友揉搓着。

32 岁的平措是西藏登山学校第一批学员，曾经于 2006 年成功登顶珠峰。他的家就在珠峰脚下的定日县，在阿里当兵四年，练就了强健的体魄和严格的组织纪律性。当登山队安排他负责接应工作时，平措欣然领命，没有一丝怨言。

在下撤途中，由于体力透支，加上氧气面罩受冻变形开始漏气，来自清华大学的大学生队员严冬冬沿着漫长的路线跌跌撞撞地走着，在 2006 年攀登雀儿山时就已经和严冬冬熟识的小扎西次仁细心地陪伴在他身旁。他们互相搀扶着，慢慢蹭回了海拔 7790 米营地。负责接应的藏族队员递上了一杯热水，还有一张美味的藏式面饼。看着严冬冬狼吞虎咽的样子，队友们不觉露出了开心的笑容。

等到严冬冬继续下撤到海拔 7028 米营地时，天已经黑了，负责接应的队友周鹏迎了上来。这个沉默寡言的土家族男孩儿来自中国农业大学，他一句话没说，就把严冬冬身上背的空氧气瓶、羽绒服和冰爪都抢了过去，塞进自己的背包里，搀扶着严冬冬一步步安全下撤到海拔 6500 米前进营地。

晚上 11 点，中央领导将电话打到大本营，当得知全部登顶队员已经于 10 点 30 分安全下撤回到海拔 6500 米营地时，悬着的心这才放了下来。

5 月 8 日这一天，从早上出发冲顶，到晚上安全撤回营地，在海拔 6500 米到海拔 8844.43 米的极高高度上，19 名中国登山队队员团结一致，经历了 21 个小时的顽强拼搏，终于完成了将奥运圣火在珠峰峰顶接力传递的神圣使命。英雄的中国登山队将奥运圣火高擎在世界最高峰峰

顶，将五星红旗和奥运五环旗共同飘展在地球之巅，把奥林匹克精神带到了一个新的高度，为祖国赢得了荣誉，为现代奥林匹克运动增添了光彩！

成功登顶，点燃火炬，向全世界电视转播这项盛事，这是奥林匹克运动与登山运动的首次结合。中国人将奥运火炬带到地球“第三极”，被国际奥委会认定是“对人类能力的挑战，从某种意义上说是要达到勇气和耐力的新高峰”。

“奥运火炬接力珠峰传递是中华儿女向世界人民做出的庄严承诺，充分展示了中华儿女自强不息、奋发图强的精神面貌，深刻诠释了奥林匹克运动‘更快、更高、更强’的目标和‘和平、友谊、进步’的宗旨。”时任国家副主席的习近平同志发出贺电，热情洋溢地祝贺中国登山队圆满完成了北京奥运火炬接力珠峰传递的任务，他称赞，这是“奥林匹克运动历史上的一次壮举，是中国人民献给奥林匹克运动、献给全人类的一份厚礼”。

第三章　让五星红旗在七大洲最高峰上飘扬

——登山“双子星”的创举

DISANZHANG
RANGWUXINGHONGQIZAIQIDAZHOU
ZUIGAOFENGSHANGPIAOYANG

“7+2计划”，攀登世界七大洲最高峰、徒步到达南北极点；

“14座计划”，攀登世界全部14座海拔8000米以上高峰；

无氧，速攀，跨越……

如今，在谷歌地图上能详细再现世界上的每一个角落，卫星信号覆盖全球，直升机能降落珠峰顶上，月球旅行指日可待……地理大发现已经结束，而科学考察和个人探险活动却方兴未艾。在尊重自然的基础上，勇气和想象力支撑着人类不断开拓探险的疆界。

时间退到30年前——

李致新和王勇峰，两个极其普通、平凡的年轻人，凭借着对登山的满腔热爱，凭借着他们超人的忍耐力，在11年的时间里，在绝大多数中国人尚不知登山为何物的年代，开创性地完成了世界七大洲最高峰的攀登。这对中国登山“双子星”，在一次次危险的攀登中，前进的每一步都留下了生命的痕迹……

中国登山“双子星”李致新（左）和王勇峰。（中国登山协会资料图）

镜头 1　从南极最高峰起步

1988 年的 12 月 3 日，李致新和王勇峰成功登上了海拔 5140 米的南极洲最高峰文森峰。这是他俩第一次海外登山，由此二人也成为世界上第十八、第十九个登上文森峰的人。正是在南极之巅，他们确立了攀登世界七大洲最高峰的目标。

两个人都毕业于武汉地质学院［现中国地质大学（武汉）］，在大学时代便加入了登山队，1984 年阿尼玛卿Ⅱ峰的攀登开启了他们的登山生涯，后进入中国登山协会工作。学地质出身的他们在后来的登山历程中，还采集了世界七大洲最高峰的地质标本，考察了七大洲最高峰的登山旅游资源和环境保护情况。

徒步南极攀登文森峰。（中国登山协会资料图）

文森峰是南极大陆艾尔斯渥兹山脉的主峰，海拔 5140 米，相对高差比较大，山峰陡立，拔地而起，终年被冰雪覆盖，没有生命，没有人烟，被探险家称为“死亡地带”。文森峰的攀登路线长约 25 公里，从海拔 2300 米的大本营到顶峰需要经过三个高山营地，其间既有漫长的雪坡，也有密布的冰裂缝。12 月份的南极已经进入了极昼期，24 小时都可以见到太阳，风和日丽时万物生辉，但风暴来袭时天地间就会变得模糊一片，搭起的帐篷一次次被狂风吹倒。

12 月 2 日上午 10 点，李致新和王勇峰准备向文森峰顶峰发起冲击。当时的气温在零下 40℃以下，帐篷四壁全都结了冰。两个年轻人体力好、速度快，翻越一个又一个雪坡。当他们翻上一条长长的冰雪坡后，面前出现了三座山峰，目测高度都差不多。他们仔细观察，发现前面和右侧的山峰略高一些。根据攀登时间判断，前面那座山峰很可能是主峰，于是直奔而去。

风很大，山脊陡峭，他们沿着右侧山脊下冰雪与岩石混杂的路线向上攀登。渐渐地，他们发现周围山峰都落在了脚下，唯独右侧那座山峰仍然高高耸立着。也许是判断有误？但这也只能等登上脚下这座山峰之后才能确定了。

狂风夹着雪粒迎面扑打过来，两人的帽子、手套上都落满了雪，呼出的热气在帽子上结成了一个个小冰柱子。通向山巅的最后几百米路线格外凶险，那是一道刀刃状的山脊。李致新急中生智，把两个人使用的上升器上的短绳子解下来，连成一根结组绳，分别系在两个人的身上形成相互保障。然后，两个人压低身体，一只手扶着“刃脊”，一只手拄着冰镐，战战兢兢地通过了这片危险区域。

下午 2 点 30 分，他们成功登顶了。按照国际惯例，每到一处顶峰

李致新和王勇峰在南极洲最高峰文森峰峰顶。（中国登山协会资料图）

要 360 度环拍照片。两人拿出五星红旗开始拍照，可拍着，拍着，问题出现了——右侧山峰居然出现在镜头里。这说明，自己脚下的这座不是主峰！

继续攀登！反正南极现在一直是白天，无所谓宿营，累了就休息，缓过来就继续走呗！主峰像一块磁石吸引着他们，克服身体上的疲劳，继续上路。

临近主峰峰顶的最后一段路是将近 70 度的冰坡，幽幽亮冰闪着寒光矗立在他们面前。风更大了，两个人一前一后，沿“之”字形交替向上攀登着。每一步都不足 20 厘米，每一步都面临着生死的考验。经过近两个小时的跋涉，当地时间 17 点 06 分，李致新翻过最后一个陡坡，眼前一亮，情不自禁地高喊：“到了！”高举起五星红旗，两个年轻人兴奋地拥抱在一起，眼睛湿润了，激动得一时说不出话来。从突击营地出发到成功登顶主峰（包括登顶Ⅱ峰），他们一共用了 7 小时 02 分，创造了最短用时纪录。

攀登文森峰是改革开放后中国登山人的第一次海外登山活动，李致新和王勇峰在大本营与来自世界各地的探险者聊天儿，知道了世界上很多登山家都把登顶七大洲最高峰作为挑战目标。当时他俩才二十五六岁，在南极的冰天雪地中，把五星红旗插上世界七大洲最高峰的念头便在他们心里扎下了根。

镜头 2　拉赞助去登山

1977 年 5 月至 1986 年 5 月，一位名叫帕特里克·马罗的加拿大登山家率先用了九年时间完成登顶世界七大洲最高峰，即：北美洲海拔 6194 米的麦金利山、南美洲海拔 6964 米的阿空加瓜峰、亚洲海拔 8844.43 米的珠穆朗玛峰、欧洲海拔 5642 米的厄尔布鲁士山、非洲海拔 5892 米的乞力马扎罗山、南极洲海拔 5140 米的文森峰和大洋洲海拔 4884 米的查亚峰。马罗取得的成功对世界各国的登山家产生了巨大影响。

登山是一项系统工程，除了攀登本身，前期的资料收集、联络，攀登中的宿营、补给等筹备与落实，既耗时又劳神，当然还费钱，在世界范围内登山就更是让人不敢轻易尝试了。登山经费的筹集和繁复的申请准备，这是让全世界的登山爱好者都头疼不已的难题，至少在 30 年前是这样。当时在日本，从事摩天大楼外墙清洁的专业人员大多数是业余登山爱好者，据说这不仅是筹集登山资金的好办法，同时还能锻炼臂力、腿力和绳索技巧，为攀登悬崖峭壁做练习。

那时候，在国内找赞助也是一件非常困难的事情。老百姓对登山运动一无所知，对登山人的评价通常是：吃饱了撑的。的确，在生活刚刚富裕起来的时候，人们想得最多的是要好好享受物质生活，磨炼自己、寻找自我之类的思考与实践在30年后的今天看来再正常不过，可在当时只会换来旁人的白眼，更不用说掏腰包赞助了。

时间转眼到了1991年，中国登山协会的领导问李致新和王勇峰，七大洲最高峰攀登计划怎么还没有动静呀？两个年轻人没有马上作答，其实他们心里有数，而且给剩下的未登山排了顺序，先登最难的——北美洲最高峰麦金利山。半年多的时间里，王勇峰每天都在锻炼自己的英文写作，每天都要写几封情真意切的求助信，寄出去。

等待中，在南极攀登文森峰时的队友、美国著名南北极探险家麦克打来电话，说他们正计划攀登麦金利山，愿意提供一切费用，邀请李致新和王勇峰一起攀登。就这样，七大洲最高峰攀登行动正式开始了……

3年之后，李致新和王勇峰在攀登南美洲最高峰阿空加瓜峰时，终于有国内企业破天荒地对他们提供了赞助——北辰体协拿出了30万。经过长达9个月一波三折的筹款过程，直到登机前几天，这笔赞助经费才总算全部落实了。

等到李致新和王勇峰完成七大洲最高峰的攀登计划之后，高海拔探险终于成为中国人热议的话题，更多中国人也踏上了自己的探险之路。

镜头 3　危险的麦金利山

人在大自然中是极为渺小的，登山人更深知这一点。怀着对山的敬畏，谨慎而又勇敢地攀登，无论是否登达峰顶，攀登过程本身已经彰显了探险的全部意义。

海拔 6194 米的麦金利山坐落在靠近北极圈的开阔平原上，四周层层冰盖掩住山体，无数冰河纵横其中，有时候风速可以达到每秒 44 米，冬季最寒冷时气温低于零下 50℃。在这里登山如同在北极探险。

在麦金利山大本营与外国登山者合影。（中国登山协会资料图）

1992 年春天，麦金利山遭遇了罕见的暴风雪。两米厚的积雪把来自世界各地的 200 名登山者围困山中，导致 12 人遭遇不幸，美国头号登山家马科斯·斯特普斯掉进了冰裂缝，两名意大利人和三名韩国人滑坠身亡……而李致新和王勇峰就是在同一年的 5 月 24 日成功登顶这座北美洲最高峰的，走的正是被人称为“死亡路线”的西壁路线。

在他们的攀登过程中，不断传来其他队伍下撤、遇险甚至遇难的消息。冲顶那天，从海拔 5100 米的突击营地出发，李致新和王勇峰采取了交替保护的方式向上攀登。到中午 12 点，他们已经走了整整 6 个小时，攀爬的都是陡壁，力气早已耗尽。同时，因为在几个小时内连续上升 1100 多米，对高山反应一时难以适应，头痛胸闷的症状不断加剧，肌肉酸软无力，每走一步都要忍受极大的痛苦。

拼尽全力，两人又走了一个小时，累得不成样子，可亮闪闪的山尖却仍旧显得那么遥远。“我脑子里出现幻觉了，老觉得自己坐在课堂上，听老师讲政治课。不管我怎么摇头，他都不住嘴。”李致新满脸恐惧地说，“我登珠峰时也没这样。”

“可能是因为你疲劳过度，边走边打盹，做梦呢！”王勇峰说道。

“不是梦，是幻觉。我很清醒，但没法控制。太可怕了，我不知道再走下去会怎么样。你说咱们是继续上呢，还是下撤？”说到这里，李致新有些支支吾吾的。王勇峰慢慢低下头，一时不知道说什么好，下撤的念头在他心里也转悠了好久，硬憋着才没说出口。

“要上的话，肯定能上去……但大平台下都是陡壁，我们还有体力下去吗？”李致新有些拿不准地说。“先上去再说，要是没力气下陡壁，我们可以从传统路线下去。”王勇峰嗓音沙哑地说。也许是王勇峰的坚定鼓舞了李致新，他使劲看了王勇峰一眼说：“那就走吧！”

说完扭头向前走去。

最后一段平坦的路，竟是此次登山中最最艰难的一段路。他俩的力气已经完全耗尽，完全凭着一种精神，不屈不挠地往前挪步。王勇峰严重缺氧，头痛欲裂，胸闷得像要炸开一样。李致新又陷入幻觉中，整个人就像个梦游者，机械地移动着脚步。

王勇峰觉得昏昏沉沉的，只想睡觉，几次都是费了很大的力气才把粘在一起的上下眼皮睁开。他调动所有的力量与困意抗争，因为他知道，想睡觉是疲劳程度超过自身极限和高寒缺氧的反应，这时候如果睡着就永远不会醒过来了！

走着走着，王勇峰不知道该往哪儿走了。他身体转了一圈儿，四周却看不到比脚下更高的地方。愣了半天，他突然大叫起来："顶峰，我们登顶了！"

站在北美洲最高峰麦金利山上的王勇峰。（中国登山协会资料图）

王勇峰扑上去抓住李致新的两个肩膀使劲地摇晃，“致新，致新，我们登顶了！”李致新被摇醒了，瞪大眼睛向四周看了看，眼泪顿时哗哗地流了下来。两个人紧紧地拥抱在一起。王勇峰也是泪流满面，这是他登山八年来第一次流眼泪。巨大的喜悦把全身的疲惫感一扫而光，他们掏出装在胸前口袋里的半自动照相机和一面小国旗，互相为对方拍下了站在麦金利山顶峰上的英姿。

安全下撤比登山更加艰难，他们集中了所有的心力小心往下撤，甚至把对死亡的恐惧也抛在了脑后。傍晚6点半，两人历尽千辛万苦，终于回到了突击营地。此时，距离他们出发冲顶已经过去了12

知识链接：

2015年8月30日，美国宣布北美洲最高峰麦金利山正式更名为德纳里山。“德纳里”是阿拉斯加当地一种语言，被译为“最高的山峰”。同时，这也是以美国第二十五届总统、出生在俄亥俄州的威廉·麦金利的名字命名。数十年中，俄亥俄州政府和阿拉斯加当地原住民就这座北美最高山峰的命名问题争论不断。美国白宫在宣布这一决定时提到，前总统麦金利从未访问过阿拉斯加州，而这座北美最高峰对当地文化有着重要意义，出于对这片地区的尊重以及对阿拉斯加当地居民传统的维护，所以正式将这座山峰更名为德纳里山。德纳里山地处美国阿拉斯加州中南部，海拔6194米，为北美洲的第一高峰。由于位于北极圈区域，气候极度寒冷，且广泛分布有冰裂缝和雪崩区。每年都有超过1000名登山者试图登顶。德纳里山的海拔虽然相对较低，但其攀登难度较大。

个小时。李致新跌跌撞撞径直走向帐篷，一头钻进去趴在睡袋上一动不动，像死过去一样。王勇峰在离帐篷几米远的地方双腿一软，跪倒在了雪地上。

镜头4　唯一一次“独自”登顶

1993年，王勇峰参加了海峡两岸联合攀登珠峰的活动，但是由于此前李致新在1988年“双跨”活动中已经成功登顶珠峰，所以这一次是登山“双子星”在七大洲最高峰攀登中唯一一次分开行动。

5月5日上午9点，6名队员从海拔8680米的高山营地出发冲顶。近十年的登山生涯，我一直盼望着这个机会。这一天终于来了！王勇峰心里暗想，跟在4名藏族队员和中国台湾队员吴锦雄的后面出发了。

走出去没有20分钟，王勇峰就感到憋气难受。他把氧气阀门调大了一些，此时离“第二台阶”已经很近了。王勇峰又向上攀登了没几步，突然觉得右眼一片模糊，几乎什么都看不见了！他心里不由得一沉，完了，目测不准还怎么向上攀登？要是一步迈错了就会出大事的。“危险，只能靠自己去克服。我相信我能战胜它！”王勇峰横下一条心，继续向上攀登。

13点20分，王勇峰终于登上了珠穆朗玛峰峰顶。激动之下，他一时忘记了失明和疲劳。藏族队员加措看到王勇峰的氧气耗尽了，便把自己没用的氧气瓶解下来交给了他。可没想到，在极度的疲劳和峰顶猛烈高空风的冲击下，氧气瓶还没有放稳就骨碌骨碌地滚落到山下去了。暂时性失明是极度缺氧的表现，眼看着“救命的稻草”得而复失，

王勇峰心里懊悔极了。

更没有想到的是，真正的危险还在后面。下撤途中，没有了氧气，再加上右眼失明，王勇峰的行动越来越艰难，远远落在了其他人后面。在“第二台阶”的陡壁上，依靠一只眼睛很难判断方位，王勇峰动作更加小心翼翼。挂上下降器后，他一再提醒自己：慢一些，别慌，一定要冷静！

然而，就在下到金属梯的一半高度时，王勇峰的右脚突然踩空了！一瞬间，就在海拔8700米的地方，他整个身体一个倒栽葱向山下扎去！

危急关头，王勇峰用尽全身的力气，挥动右脚在岩壁上胡乱踢踹，试图依靠脚上的冰爪延缓下坠的势头。同时，幸亏他是挂着下降器下撤的，他的左手本能地紧紧抓住了下降器的绳子。终于，下坠被阻止了，可他整个人却是大头朝下挂在了陡壁上。“我得活着回去，必须活着！”王勇峰对自己说。他后来已经无法回忆起挂在梯子上的脱险细节了，似乎是老天也在帮助他，折腾了许久，王勇峰终于翻了过来，恢复了正常的下撤姿态。当他回到

知识链接：

冰爪是冬季登山或者高海拔登山必备的器械，用来在很滑的冰面或者雪地上站稳脚跟。

按照用途分类，冰爪可以分为三种：日常工作、生活使用；普通徒步、穿越、登山使用；专业高海拔探险、攀冰使用。本书介绍的是第三种，这种冰爪价格相对较高，对搭配的鞋靴有很高的要求，对使用者的经验也有一定的要求。根据使用环境不一样也分为很多种形式。

在珠峰失踪28小时后，王勇峰（右）奇迹生还。（中国登山协会资料图）

海拔8680米的出发营地时，实在没有力气再往下走了。

万幸的是，营地的帐篷门没有拴，不然，当时王勇峰的手指已经冻伤，定然是解不开拴扣的。更万幸的是，帐篷中留下的3个氧气瓶里都还有氧气。他一头栽进帐篷，不顾一切地大口吸了起来。

这一夜，大本营无人入眠。成功登顶后，4位藏族队友和吴锦雄都于当天安全下撤到了海拔7790米的五号营地，唯独不见王勇峰的身影。上山前，王勇峰进行了最后一搏的准备，精简装备时把死沉死沉的报话机也扔下了。这样，大本营无法联系上他，整个世界都失去了他的音讯。

5月6日上午10点30分，海拔8680米的高山营地上，一个隐约晃动的小黑点出现在观察望远镜的镜头里。整整28个小时，等待王勇峰消息的战友们是在煎熬中一分一秒地度过的。

由于有了氧气，王勇峰的体力有所恢复；6日早晨一醒来，右眼也能看见东西了。靠着经验，也靠着运气，王勇峰终于下撤到了海拔

7790 米的五号营地。此时，从海拔 7028 米四号营地赶来接应的队友马欣祥也到了，竟一把抱住王勇峰大哭起来。“你上来干什么？”此时王勇峰一脸茫然，没想到会有人上来接他。马欣祥一听，又哭了起来，一边哭，一边断断续续把山下的情况讲给王勇峰听。说完听完，两个人又抱在一起哭了起来。

王勇峰不知道，海拔 7790 米是马欣祥 1993 年以前达到的最高高度。完全没有意识到自己是在挑战极限，当接到大本营通知迅速前往五号营地接应王勇峰时，马欣祥二话没说就出发了。他唯一的想法就是，一定要让王勇峰活着下山！

5 月 6 日，北京下了一天的雨，直到下午 6 点，守在电话机旁的李致新才得到王勇峰安全返回的消息。他不知道如何表达自己的心情，站在办公室里直转圈。最后，他飞奔出登山协会，急着回家通知和自己一样焦急等待消息的朋友们。心急之下，连续两次他都没能骑上自行车，摔了下来……

回到北京，王勇峰在积水潭医院接受了手术，右脚的三个脚趾由于严重冻伤被截肢了。进手术室前，王勇峰打趣着说：“怎么比挂在 8000 多米高的岩壁上的时候还害怕呀？”他的妻子一直在默默掉眼泪，说：“用什么荣誉换这三个脚趾，我也不愿意！”

镜头 5　地图上的重要改动

南美洲最高峰阿空加瓜峰海拔 6964 米，坐落在安第斯山脉北部，地处阿根廷门多萨省西北端，靠近智利边界。李致新和王勇峰攀登阿空加瓜峰选择的是西北壁路线，虽然没有南壁路线那么危险，但线路漫长，尤其是从出发营地到峰顶，高差为1100米，往返需要十几个小时，对登山者的体能和毅力都是严峻的考验。

与如今发达的互联网信息不同，二三十年前出趟国对中国普通老百姓来说都是一件稀罕事，更不用说去国外的荒野登山，因此所能够搜集到的信息极其有限——阿空加瓜峰，除了它的海拔高度和有名的高空风，李致新和王勇峰对它几乎算是一无所知。

对于国外登山界而言，来自中国的登山者也属“稀有动物”。1995 年 1 月，阿空加瓜峰大本营聚集了 20 多支来自世界各地的登山队伍，据统计，每年到这里登山的人有近千人之多。然而，黄皮肤的中国人的出现，还仅限于十多年前的一支中国台湾登山队。“中国远征阿空加瓜峰登山队”成了大本营的焦点，很多人都围过来打听情况。当他们得知，眼前的这两个小伙子已经成功登顶了珠峰、麦金利山、文森峰后，更是感到惊奇万分。中国营地顿时成了景点，挂满了国旗和队旗的帐篷外面，总有外国登山队员拉着李致新和王勇峰合影。

更令外国登山者惊叹的，当然还是中国人的登山实力。1995 年 1 月 4 日，李致新和王勇峰开始向峰顶进发，当天便上到海拔 5400 米的二号营地，然后返回海拔 4900 米的一号营地。一般情况需要走八九个小时的行军路程，他俩只用了三个半小时。他们抓紧一切时间了解了阿空加瓜峰的地貌特征和攀登路线情况，每一个细节都不放过。从事登山运动已经十年的两个人，经过多座山峰的考验和洗礼，已经逐渐进入了个人登山的黄金时期。

1 月 6 日晚上，阿空加瓜峰峰顶被一大团蘑菇云所笼罩。李致新和王勇峰记得，1992 年他们在攀登麦金利山时也遇见过这种天气状况，

这预示着一场暴风雪即将来临。据当地有经验的人士预测，未来的这场特大暴风雪至少要使整个登顶计划推迟十天甚至半个月。可这样一来，食品、燃料都会不够了。7 日下午，狂风仍然肆虐。两人左思右想，最后拿定主意：立即实施冲顶，抢在暴风雪到达之前完成登顶。8 日下午 3 点，两人顶着强劲的高空风到达突击营地（海拔 5800 米），准备 9 日早上 7 点开始冲顶。

登山是一项“靠天吃饭”的运动——即便万事俱备，天气不给力也是徒劳。不得不承认，这一次，他们的运气真是太好了，到了冲顶这天万里无云。

出发之后，经过 100 分钟的攀登，两人便上到了海拔 6500 米的高度，如此神速令他们自己都觉得有些不可思议。但接下来是一个平均坡度为 40 度的岩石碎屑坡，最艰难的考验出现了。走两步，滑落一步，攀登的节奏完全被打乱了。没想到，这最后的 400 米高度竟然花了 3 个小时。此时，两人的缺氧情况已经很严重，全身疲软，头痛眼花，每上升两米，就不得不趴下大口喘气；而就在这喘息的过程中，身体又会滑下去 1 米的距离！在这一进一滑中，王勇峰右脚截肢的部位开始阵阵作痛。

两人咬紧牙关，继续向上攀登，终于走出了碎石坡，来到了海拔 6850 米的西北山脊上。面前的山脊宽度不足 1 米，风大得人都站不稳，根本无法在上面行走。他们只好选择在距离山脊 2 米左右的位置上，顺着山脊走向前行。此时他们的体力已近极限，只能机械地一步步挪动。

翻过一块巨石后，竖立在峰顶上的标志——一个铅制的十字架赫然出现在眼前。还有 10 米距离，就是峰顶了，所有的疲惫与痛苦顿时一扫而空。王勇峰展开揣在怀中的五星红旗，迈开大步向峰顶走去。

李致新拿出摄像机，记录下这个重要时刻：12点05分，中国登山家高擎着五星红旗，正走向南美洲最高峰峰顶。

站在峰顶，远处的云呈铅灰一样的颜色，迅速涌动翻卷着，暴风雪即将来临。来不及多欣赏一眼峰顶的景色，李致新和王勇峰迅速开始下撤。10日晚，一场特大暴风雪终于降临。次日清晨，厚厚的积雪深达1米以上，原本裸露的岩石路径已经被大雪覆盖得无影无踪。

中国登山队成功登顶阿空加瓜峰后，国内很多媒体做了报道。不过，对于南美洲最高峰的质疑声音也越来越多。地图出版社非常重视这次争论，特意与玻利维亚大使馆联系，因为此前该国向全世界发布南美洲的最高峰是玻利维亚的汉科乌马峰。虽然汉科乌马峰和阿空加瓜峰同属安第斯山脉，但玻利维亚每一次公布的标准高度都要比阿空加瓜峰稍高一些。地图出版社也正是以此为依据的。经过认真咨询，玻利维亚大使馆最终确认，南美洲最高峰的确不是汉科乌马峰，此前的测量有误差。

于是，从1995年开始，从地图出版社开始，中国出版的地图都做出了一个重要的改动——南美洲最高峰确定为海拔6964米的阿空加瓜峰。

镜头6　我们是搭档

1997年6月10日下午1点26分，李致新和王勇峰成功登顶欧洲最高峰厄尔布鲁士山。就在临近峰顶的雪坡上，极度疲劳的李致新脸色发紫，倒头欲睡，甚至一度想放弃登顶，七大洲最高峰计划在“看似峰顶伸手可及”的第五站差点儿告吹。

1998 年 1 月 7 日上午 7 点 40 分，李致新和王勇峰成功登顶非洲最高峰乞力马扎罗山。山顶白雪皑皑，山腰白云朵朵，山下绿草茵茵，两人体验了登山过程中难得的浪漫，却也在峰顶遭遇了最可怕的暴风雪。李致新甚至冒着冻伤的危险摘掉手套，为的是把五星红旗绑在雪杖上拍照证明。

成功登顶展示五星红旗。（中国登山协会资料图）

时间来到了 1999 年，李致新和王勇峰的七大洲最高峰计划走到了最后一站——大洋洲海拔 4884 米的最高峰查亚峰。常年在高山上爬冰卧雪的两个人，这一次经历的则是各种难度的大岩壁的攀岩考验。6 月 23 日下午 1 点，两个人终于来到了峰顶前一处有着 5.9 级难度、高达 50 米的直壁跟前。凭借着默契的相互配合和相互保护，他们成功翻越，随后面对的是五六十米的冰雪和岩石混合地形。

冰雪极其松软，但手依旧可以抓牢，脚依旧可以踩实，身体以 80 度的倾斜角度横移。“太像珠峰的‘第二台阶’了。”李致新后来回忆道。虽然也是岩石上覆盖着积雪，但又有所不同：查亚峰的雪一触即化。

下午 1 点 20 分，峰顶终于出现在眼前了。那是由犬牙交错的岩石塔尖一层层垒起来的，并排屹立在山脊上。上面还有一个金属纪念牌，它提醒着人们：1981 年一位印尼登山者下山时不幸坠下了山崖，所以登顶只是成功的一半，只有安全下撤才叫成功。

李致新哭了，以前每次在最高峰峰顶展开五星红旗时他都会落泪，这次也一样。他再也抑制不住自己的感情了，再走几步就可以为 11 年的不懈奋斗画上圆满的句号了。从青年到中年，他和王勇峰相伴攀登 11 年，只为了一个目标：让五星红旗飘展在七大洲的最高峰上。

艰难的攀登和骄傲的展示。（中国登山协会资料图）

登山是一种运动，同时又是一种生活。在体验了极致的艰苦之后，即便微小的幸福感都会在登山者心里绽开花朵。登山的美好，没登过山的人体会不了。日本著名登山家植村直己曾经这样说过，无论攀登哪一座山，都应该自己做计划，自己做准备，用自己的双脚攀登，这

知识链接：

难度是攀岩的语言，难度级别是线路或攀石（指攀登者在无绳索的状态下，只靠攀登者自身力量完成攀登）的一种表达形式。最早的难度诞生是因为人们想用一种方式来表示他们攀登或走过的路有多难，于是决定用一个量化的指标来描述它。

美国的 Sierra 俱乐部早年为方便地描述攀登路线的难度制定了以下等级：

一级是徒步；

二级是几乎用不到手的爬行；

三级是需要携带绳子，但是几乎用不到的爬行；

四级是通常需要绳子，很容易找到天然的保护点，脱落是致命的；

五级是技术攀登，要有一定的攀岩技术，绳子和保护是必须的；

六级是必须借助器械才能进行的攀登。

后来，Sierra 俱乐部将五级攀登（技术攀登）难度根据需要又划分成 5.0，5.1，5.2，5.3，5.4，5.5，5.6，5.7，5.8，5.9，5.10。前面的数字 5 仍然代表五级攀登，后面的 0 到 10 代表攀登路线的难易程度。按定义超过 5.10 级就是第六级，也就是必须直接使用人工器械才能攀登。

一般说来，没有经过训练的人可以上到 5.6，经过基本技术训练的人可以上到 5.6—5.9。但这是个非常笼统的说法。

我们是搭档。（中国登山协会资料图）

个过程越辛苦，克服重重困难后登顶的快乐就越大。

这种登山所带来的幸福感，又会因为搭档的存在而加倍放大。“登山的伙伴有时比妻子还重要。”王勇峰经常引用一位登山家的话，这也是他和李致新多年合作登山的亲身感受。登山过程中，对伙伴的信任是获得成功与安全的根本，彼此熟悉，彼此信赖，才能放心地把结组绳交付到对方手中。

在旁人眼里，李致新的判断力与决策力，加上王勇峰的坚忍和执着，他们构成了完美的天才和汗水的组合。只有他们自己才知道，两个人都是平足，属于最不适合长途行走的人；从身体条件来说，他们都不

在南极冰原挖雪洞，搭帐篷，化雪做饭。（中国登山协会资料图）

是天生的登山材料。但他俩却以异于常人的坚韧不拔，成就了中国登山者开创性的七大洲最高峰攀登壮举。

如今，有越来越多的中国登山爱好者走在“7+2”探险计划的征途上，2018 年全球完成“14 座”探险计划的中国名单上又增加了 4 人，横穿亚欧大陆骑行，南极、北极探险……中国人正不断发挥着自己的想象力，在世界探险王国中展示着炎黄子孙的风采。在李致新和王勇峰完成七大洲最高峰攀登目标的 20 年后，在中国老百姓关注的话题中虽然还有什么是探险、为什么要去登山的疑问，但付诸更多的，已是身体力行的实践和探索，走出户外，到大自然中去寻找答案。

第四章　西藏登山队“14座”探险计划

DISIZHANG
XIZANGDENGSHANDUISHISIZUO
TANXIANJIHUA

镜头 1　独一无二的团队探险尝试

2007 年，西藏登山队历经 14 载的努力，终于实现整队登顶“14 座”的新创举。这也是世界上首次以团队形式实现登顶“14 座”，突破了以往国际上全部以单人登顶“14 座”的纪录。其中，队员次仁多吉、洛则和边巴扎西，全程参与攀登活动，成功完成使命，一次又一次把鲜艳的五星红旗插上雪域高峰，为祖国赢得荣誉。

★什么是“14 座”？

在人类生活的这颗蔚蓝色的星球上，大自然这位艺术家创作出丰富多彩的地质景观，无论是麦浪翻滚、一望无际的大平原，还是沟壑纵横、波澜起伏的高原丘陵，都像一幅幅风格迥异的油画作品，令人赏心悦目。更让人震撼的莫过于冰川万仞、冷峻圣洁的巍峨雪山，它们宛如一个个银质的巨人屹立在蓝天下。遍布世界各地的雪山大家族中，高度从海拔 2000 多米到海拔 8000 多米不等，其中有 14 个格外显眼的大高个儿，雄踞在喜马拉雅山脉和喀喇昆仑山脉，组成一个名为“14 座”的雪山巨人组合，指的就是世界上 14 座海拔在 8000 米以上的高峰。

这个“14 座”组合的成员全部位于亚洲，其中 9 座位于我国的境

内和边境线上。它们分别是：

世界第一高峰珠穆朗玛峰，海拔 8844.43 米，位于我国西藏自治区与尼泊尔交界处的喜马拉雅山脉中段，北坡在我国西藏境内，南坡在尼泊尔境内；

珠峰。（摄影：史卫静）

世界第二高峰乔戈里峰，海拔 8611 米，位于中国和巴基斯坦边境，是喀喇昆仑山脉的主峰，又被称作 K2（K2 意指“喀喇昆仑山脉第二座被考察的山峰”，后文 K3、K5 以此类推）；

云遮雾绕的洛子峰。（摄影：晓风）

世界第三高峰干城章嘉峰，海拔 8586 米，坐落在喜马拉雅山脉中段，尼泊尔、印度边界线上；

世界第四高峰洛子峰，海拔 8516 米，名字意为“南面的山峰”，因为它位于珠峰以南约 3 公里，所以被误为“珠峰的南峰”，在藏语

攀登卓奥友峰。（西藏圣山探险提供）

里它被称为“丁结协桑玛”，意思是“青色美貌的仙女”；

世界第五高峰马卡鲁峰，海拔 8463 米，位于喜马拉雅山脉中段，西北距珠穆朗玛峰 24 公里，沿西北—东南山脊为界，北侧在我国西藏境内，南侧在尼泊尔境内；

世界第六高峰卓奥友峰，海拔 8201 米，山峰以东北山脊和西南山脊为界，北侧在我国西藏境内，南侧属尼泊尔，东距珠穆朗玛峰的直线距离约 30 公里，西边就是中尼边界的贸易通道；

世界第七高峰道拉吉里峰，海拔 8167 米，位于喜马拉雅山脉中段尼泊尔境内，因山势险恶，使人望而生畏，故有“魔鬼峰”之称；

世界第八高峰马纳斯鲁峰，海拔 8163 米，位于喜马拉雅山脉中段尼泊尔境内；

世界第九高峰南迦帕尔巴特峰，海拔 8125 米，名字意为“裸露的山峰”，位于喜马拉雅山脉西段巴控克什米尔地区；

世界第十高峰安纳普尔那峰，海拔 8091 米，位于喜马拉雅山脉中段尼泊尔境内；

世界第十一高峰加舒尔布鲁木Ⅰ峰，海拔 8068 米，位于喀喇昆仑山脉的主脊线上，也被称作“隐藏的山峰”或“K5”，是加舒尔布鲁木群山的一部分，距乔戈里峰约 21 公里，是喀喇昆仑山脉的第二高峰，也是我国和巴控克什米尔地区的界峰；

世界第十二高峰布洛阿特峰，海拔 8051 米，是我国和巴控克什米尔地区的界峰，位于乔戈里峰东南方约八公里处，原被命名为“K3”，但后来发现其峰顶有 1.5 公里长，因此又被命名为“Broad Peak”，意思是“宽阔的山峰”；

世界第十三高峰加舒尔布鲁木Ⅱ峰，海拔 8034 米，是中国和巴控克什米尔地区的界峰，位于喀喇昆仑山脉的主脊线上，在乔戈里峰东南约 26 公里处；

世界第十四高峰希夏邦马峰，海拔 8012 米，是唯一一座完全在我国境内的海拔超过 8000 米级独立山峰。

对于“14 座”雪峰的测量始于 1802 年，当时英属东印度公司开启大三角测量计划，使用当时最先进的技术精确测量整个印度次大陆。这项计划持续了数十年，哪怕是用今天的标准衡量，其测量精确度也

希夏邦马峰冰塔林。（西藏圣山探险提供）

相当惊人。在那次测量中，全球仅有的14座海拔8000米级独立山峰全部被英国人测量完成，其中10座位于喜马拉雅山脉，4座位于喀喇昆仑山脉。

海拔8000米以上，那是一个鸟飞绝，人踪灭，浮出云海，傲视四方的高度，也是一处面向寰宇，直吻苍天的圣地。

★攀登在“14座”雪峰之上的先行者

悠悠岁月，多少登山者魂牵梦绕，将登上这14座海拔超过8000

米的雪山顶峰作为自己的毕生追求。尽管面对超出想象的艰险，瞬息万变的气候，无法预知的困难，让这一过程变得无比艰难遥远，更令许多英雄空怀壮志，望山兴叹，甚至永久安息在山峦之中，但却不能阻挡勇敢者攀登雪峰的脚步。

从 1950 年开始，人类的足迹一次又一次在海拔 8000 米以上的高度留下纪念：

1950 年 6 月 3 日，法国登山队的莫里斯·埃尔佐格和路易斯·拉什耐尔两人首次登顶安纳普尔那峰，这也是人类历史上首次登上海拔 8000 米以上独立高峰的峰顶。

1953 年 5 月 29 日，来自英国登山队的新西兰登山家埃德蒙·希拉里和尼泊尔向导丹增·诺尔盖两人从南坡首次登顶珠穆朗玛峰。

1953 年 7 月 3 日，奥地利和德意志联邦共和国（西德）联合登山队首次登顶南迦帕尔巴特峰。

1954 年 7 月 31 日，意大利登山队的 L. 拉切捷和 A. 康攀尼奥尼两人，从巴基斯坦一侧沿东南山脊开创首次登顶乔戈里峰的纪录，用时将近 100 天。

1954 年 10 月 19 日，奥地利登山队的基希、依约里里尔和夏尔巴人潘辛格、盘沙达瓦四人，首次沿西北坡登顶卓奥友峰。

1955 年 5 月 15 日，法国登山队的 L. 泰雷和 J. 库兹两人首次登顶马卡鲁峰；接下来几天，登山队的其他六名队员和一名夏尔巴人陆续登顶，这是喜马拉雅历史上首次整个登山队全部登顶。

1955 年 5 月 25 日，英国登山队的班德和布朗两人首次登顶干城章嘉峰。

1956 年 5 月 9 日，日本登山队的两名队员和尼泊尔向导共四人登顶马纳斯鲁峰。

1956 年 5 月 18 日，瑞士登山队的雷斯和吕歇森格尔两人从尼泊尔沿西坡首次登顶洛子峰。

1956 年 7 月 7 日，奥地利登山队的弗里茨·莫拉维克、泽普·拉列赫和汉斯·威廉帕尔特三人首次从西南山脊登顶加舒尔布鲁木Ⅱ峰。

1957 年 6 月 9 日，奥地利登山队的舒来克、文别尔斯基、金别尔格尔、布里四人登顶布洛阿特峰。

1958 年 7 月 4 日，美国登山队的希尔林和考夫曼两人登顶加舒尔布鲁木Ⅰ峰。

1960 年 5 月 13 日，一支由瑞士、波兰、美国登山队员组成的联合登山队首次登顶道拉吉里峰。

1964 年 5 月 2 日，中国登山队的许竞、王富洲、张俊岩、邬宗岳、陈三、索南多吉、成天亮、米马扎西、多吉、云登十人首次登顶希夏

1964 年 5 月 2 日，登上希夏邦马峰峰顶的中国登山队队员们。（中国登山协会资料图）

邦马峰，这也是人类登顶的最后一座海拔 8000 米以上的独立高峰。

早些时候，尽管一些国家要么自己组建登山队，要么和其他国家组建联合登山队，攀登一座或几座山峰，但一直没有哪支队伍能够把“14 座”雪峰全部登顶成功。直到 1992 年之前，全世界一共只有两个人实现了登顶全部 14 座海拔 8000 米以上高峰的壮举，其中一个是意大利人梅斯纳尔，另一个是波兰人库库奇卡。

莱因霍尔德·梅斯纳尔是“登顶 14 座海拔 8000 米以上山峰”计划的首倡者。作为那个时代最耀眼的登山者，他创造了人类登山历史上的许多个第一，比如：第一个无氧登顶珠峰；第一次在海拔 8000 米高山上纵走；第一个无协作登顶世界最高峰的人；第一次连续攀登两座海拔 8000 米高山；不但首次把阿尔卑斯攀登方式成功引入海拔 8000 米山峰探险，还第一次不借助器械和帮助托运装备、物资的动物徒步 2800 公里穿越南极点……他的每一项纪录都具有划时代的意义，甚至不能被后人复制。所以，人们尊称他为“登山皇帝”。

波兰登山家杰西·库库奇卡则是“传奇中的传奇、疯狂之上的疯狂”。他的“14 座”攀登计划始于 1979 年 10 月 4 日，全部结束于 1987 年 9 月 18 日。他创造了登顶“14 座”的最短用时纪录：7 年 11 个月 14 天，只有梅斯纳尔用时的一半。库库奇卡的传奇还在于，他开创了九条新路线，四次冬季攀登，仅一次使用氧气。其中，卓奥友峰的攀登采用的是“冬季 + 新线路”。

★以团队形式踏上征程

世界上 14 座海拔 8000 米以上的高峰全部坐落于亚洲，却没有一个亚洲人跻身“14 座”俱乐部，完成全部登顶的壮举，这不免让人有些遗憾。对于生活在“山的王国”的藏族人民来说，代表亚洲和中国完成这一壮举，是雪山之子义不容辞的责任。

1992 年 4 月，西藏自治区政府决定组建一支全部由藏族登山运动员组成的“中国西藏攀登世界 14 座海拔 8000 米以上高峰探险队”（以下简称西藏“14 座”探险队），计划从 1993 年起，在十年的时间里，让五星红旗插遍这 14 座高峰，并突破以往国际上全部为单人登顶的纪录，实现以整队方式登顶 14 座高峰的创举，以此开创亚洲登山新纪元。

12 名西藏登山精英承担起了这前所未有的重任，他们的名字注定要载入国际登山领域和中国体育的史册：队长桑珠，副队长旺加，攀登队长次仁多吉，主力队员边巴扎西、仁那、大齐米、达琼、加布、洛则，队员兼摄影师阿克布，另外还有队医兼后勤总管洛桑云登、翻译张明兴（后由穆萨、普布次仁接替）。

1993 年 3 月 15 日，12 位勇士第一次踏上征程，目标为安纳普尔那峰，由此开启了艰险的“14 座”雪峰的攀登历程。

镜头 2　折戟加舒尔布鲁木Ⅰ峰

经过 14 年艰苦卓绝的努力，到 2005 年，西藏“14 座”探险队完成了对 14 座海拔 8000 米以上高峰中 13 座的攀登。在高寒缺氧的“生命禁区”里，在攀登雪峰的重重危险中，中国登山健儿以不怕牺牲、无惧挑战的英雄气概，创造了一个又一个辉煌。然而，仅剩的这座加舒尔布鲁木Ⅰ峰，却让这支队伍受到了致命打击。

★一座“闪耀的墙壁”

这座世界第十一高峰坐落在我国新疆与巴控克什米尔边界上，是喀喇昆仑山脉的第二高峰。“加舒尔布鲁木”这个名字在当地语中的意思是“闪耀的墙壁”。由崎岖的山脊、台阶和高耸的岩壁组成的陡峭金字塔形山体，看上去就像一面巨墙，也确实符合这个名字的含义。

加舒尔布鲁木Ⅰ峰的主要攀登难度就在于冰川和冰壁。松散的冰川结构，会对行进带来一定的危险。此外，在海拔 7600 米左右的高度，冰壁对于攀登者也是一个巨大的考验。因为攀爬冰壁本身就是一项对技术操作要求非常高的运动，而且到了海拔 7000 米以上，人缺氧严重，动作不灵活，操作技术器械很容易造成冻伤。

因为被群山和云层环绕，1892 年，加舒尔布鲁木Ⅰ峰才被它的发现者——英国探险家维·马丁·康韦发现，并起名为“隐蔽的山峰”。直到1958年，才由两个美国人成功实现对它峰顶的首登。

2005年5月5日，西藏“14座”探险队从拉萨启程，准备去完成“14座”雪峰登顶计划的最后一役。这已经是探险队对加舒尔布鲁木Ⅰ峰的第二次攀登了。第一次是在1995年的7月，八名主力队员先后在7月10日和11日分两组登顶海拔8034米的加舒尔布鲁木Ⅱ峰。但在19日攀登到海拔6900米的加舒尔布鲁木Ⅰ峰二号营地时，探险队遭遇了两天两夜的大雪。此后，喀剌昆仑山山区又连降五天五夜的大雪，第一次攀登行动只好宣告终止。

这一次，攀登的前期准备工作一切顺利，人员依然以2004年登顶乔戈里峰的四名主力队员为主：仁那、边巴扎西、罗则、次仁多吉。队员们在拉萨重点加强了耐力及腿部力量的训练，基本的登山技术已经在这十几年的登山实战中掌握得很充分了。

★落石砸碎雪山梦想

2005年5月27日早，将要攀登加舒尔布鲁木Ⅰ峰的西藏“14座”探险队队员分乘四辆车，从巴基斯坦北部重镇斯卡度前往奥斯柯里，计划从那里开始徒步到大本营。一路上山高路窄、崎岖颠簸，但大家的情绪都不错，中途不停拍照留念。

中午12点，车队在途经一个叫“迪门”的山谷时，意外发生了：公路旁的山峰上突然滚落一阵巨石，砸穿了第一辆吉普车的帆布顶篷，砸在了坐在后排上的队员仁那和边巴扎西的头上。仁那当场昏迷，边巴扎西也受了重伤。其中一块大石头还差点儿砸中次仁多吉，所幸被

车门挡了一下。

意外发生后，探险队立即回撤，送伤员赶往最近的能停直升机的地方。返回的路况依然险峻，滚石的危险依然存在。道路一边是陡峭的悬崖，一边是湍急的河水，但大家只希望车子能再跑快一点儿，祈祷仁那的生命力能坚强坚强再坚强些，等到救援直升机的到来。回撤途中仁那呼吸平稳，脉搏有力，守在他旁边的队友都感到心里有一点儿安慰。但经过漫长的颠簸来到了候机点后，仁那依然昏迷。

时间一分一秒地流逝，望眼欲穿的队友们盼着直升机早点儿赶来，尽快把仁那从死神的手中拉回来。所有的吉普车都已安全返回，但直升机还没有赶到。这时，仁那的呼吸渐渐变得微弱，脉搏也基本上摸不到了……全体队员无助地聚拢在仁那乘坐的车子前，逐一伸手试图摸到他的脉搏跳动，但希望越来越渺茫……

直升机终于到了，巴基斯坦军医快步跑到仁那身边。可惜为时已晚，坚强的仁那永远停止了呼吸。围在他身边的所有队员全都失声痛哭起来。在直升机剧烈的轰鸣声中，队员们擦干泪水，把边巴扎西和仁那抬上飞机。在颠簸的飞机上，不愿放弃的军医给仁那注射了强心针，做了最后的努力，但依然没能把他抢救回来。

飞机到了斯卡度之后，伤势严重的边巴扎西被送到当地驻军医院的急救室里。尽管处在半昏迷状态，但他还能时而睁开眼睛看一看或者说句话。而仁那，却是永远地离开了亲人，离开了自己深爱的雪山。西藏“14 座”探险队也失去了一位实力超群、经验丰富的主力队员，这不仅是探险队的损失，更是中国登山事业的损失。

★两年之后夙愿终偿

经过近两年的休整，2007 年 5 月 16 日，西藏“14 座”探险队从拉萨出发，再度向加舒尔布鲁木 I 峰进发。两年前遭遇滚石事件的边巴扎西，也重新出现在队伍中。他的一只耳朵失聪了，一只眼睛几乎失明，一半面孔瘫痪了，身体失去了平衡。此前，几乎没有人相信他还能重返探险队。

6 月 13 日，当队员们到达海拔约 5000 米的大本营时，加舒尔布鲁木 I 峰送给他们的欢迎礼是一连五天五夜的大雪。大雪终于停下来后，队员要做的第一件事就是修路。当时，距离西藏“14 座”探险队第一次攀登加舒尔布鲁木 I 峰已经过去了 12 年的时间，曾经熟悉的路况完全改变了。队员们在遍布着大大小小冰裂缝的雪坡上，花费了很大的精力来确定适合的登山路线。三天后，他们打通了一号营地。加舒尔布鲁木峰的 I 峰和 II 峰的登顶路线，正是从一号营地分岔的。

从二号营地向三号营地修路时，修到三分之一的地方，探险队遭遇了大风和流雪，只好暂时撤回二号营地。第二天，天气仍然恶劣，其他的外国登山队都下撤了，只有西藏“14 座”探险队还在坚持。因为，探险队的每个队员都知道此次攀登不同寻常的意义。没有人给他们下过只准成功不准失败的命令，同时登山过程中也有太多不可抗力的因素，但他们却在自己的心中默默埋下一个坚定的目标：此次一定要登顶成功！

最终，队员们在风雪稍小后又用了十多个小时，打通了三号营地。冲顶的时间终于到了，凌晨 1 点半的加舒尔布鲁木 I 峰在黑夜中静静

展现着它的雄伟。最让人绝望的莫过于顺着前进路线望过去，已经可以看见峰顶，却好像怎么走都走不到。好在，每向前一步，离峰顶就近了一步。风越刮越大，路绳却不够了，结组前行的队员就互相绑在一起，继续向前迈进。松动了的冰雪从上方滚落，探险队队员就在彼此的喘息声中一步步接近终点。

终于，一项新的世界登山纪录在 2007 年 7 月 12 日北京时间 12 点 20 分，在喀喇昆仑山脉深处诞生——“中国西藏攀登世界 14 座海拔 8000 米以上高峰探险队”为 14 年前开始实施的、以集体形式攀登世界上全部 14 座海拔 8000 米以上高峰的壮举画上了圆满的句号，使得中国这个新兴的登山大国首次成为国际登山界公认的“14 座”俱乐部的新成员。至此，五星红旗在世界上所有海拔 8000 米级山峰的峰顶之上，都曾猎猎飘扬。

镜头 3　前赴后继的接力攀登

从 1993 年到 2007 年，回顾西藏“14 座”探险队走过的历程，集体力量的伟大彰显无遗。14 年来，这支队伍中有老队员退出，也有新队员加入。为了同一个梦想，他们前赴后继，使得这场接力攀登在一次次与死神擦肩而过的危险境况中从未停下过脚步。

★历经失败的坚守

西藏“14 座”探险队首次出征时，12 名队员分工明确。队长桑珠，副队长旺加，攀登队长次仁多吉，主力队员边巴扎西、仁那、大齐米、达琼、加布、洛则，队员兼摄影师阿克布，另外还有队医兼后勤总管洛桑云登、翻译张明兴，每个人都有自己的职责，让这支登山队伍在各个方面都不致出现明显短板。

人员的调整与更替，伴随着探险队完成使命的全过程。比如：最初安排张明兴负责的翻译工作，后来被藏族同胞穆萨、普布次仁接替；从 2001 年开始，先后有扎西次仁、边巴顿珠、普布顿珠、边巴扎西和索朗扎西担任探险队的高山协作队员；在 2005 年，队员人数也从最开始的 12 人减少到过只有 4 人。其中攀登队长次仁多吉、主力队员边巴扎西和洛则全程参与活动，并完成了“14 座”所有山峰的登顶，仁那

中国西藏世界14座海拔8000米以上高峰探险队全体队员合影。（中国登山协会资料图）

牺牲前也已经成功登顶了其中的 13 座高峰。

西藏“14 座”探险队的此次漫长征程，基本是靠自筹资金开展登山活动的。在经费极度困难的情况下，探险队累计投入 2000 多万元，以保障活动的顺利开展。当然，困难远不止筹措资金这一个方面，原计划十年内完成的“14 座”雪峰攀登任务，也因为经历了几座山峰的攀登失败而延长了四年，其中包括 1995 年首次攀登加舒尔布鲁木 I 峰因恶劣天气原因未能成功登顶；1996 年攀登马卡鲁峰失败；2000 年和 2002 年两次攀登乔戈里峰未能成功。

没有哪一座山峰是可以轻而易举地攀登上去的。如果存有任何一丝游戏的态度、轻视的举动，即使是在装备精良、高山协作人员实力强劲的条件辅助下，仍有可能给登山者带来伤害甚至是灭顶之灾。对于具有极为丰富的登山经验的西藏“14座”探险队的队员们来说，在登山过程中所遇到的种种不测，有时候也需要靠经验和运气来帮助。

★一个登山季里连登两座高峰

西藏“14座”探险队根据仅有的山峰资料，研究攀登线路、制订攀登补给计划，边攀登边摸索。最初他们制订的策略是先境外、后境内，先远、后近，先难度大、后难度适中，以十年内实现三到四人以上集体登顶全部14座高峰为目标。作为攀登难度大、14座雪峰里面死亡率最高的安纳普尔那峰，便成了探险队的第一站，这也是人类历史上登顶的第一座海拔8000米以上山峰。

1993年3月15日，“14座”攀登计划正式开启，探险队队员从拉萨出发，目标直指：安纳普尔那峰和道拉吉里峰。

安纳普尔那峰，海拔8091米，世界第十高峰，以锐利挺拔的角峰而闻名，地形复杂，攀登难度大。为了提高登顶率，探险队分成了A、B两组，A组负责修路，B组负责运输。这样安排，即使A组出现意外情况，B组队员还可以继续完成攀登任务。

从拉萨出发时，探险队的装备都是队员自己想办法解决的，甚至连统一的服装也没有，都穿着自己以前做高山协作时的服装，有1990年中、苏、美珠峰和平登山活动中使用的服装，也有1991年中日联合攀登活动的登山服，甚至有队员穿着便服就出发了。

在A组队员冲顶的时候，四个氧气面罩有两个不能用，剩下的两瓶氧气阿克布用了一瓶，在前面修路的边巴扎西和仁那轮流使用一瓶，次仁多吉无氧攀登。经过13个小时的艰苦攀登，他们成功登顶。安纳普尔那峰上第一次留下了中国人的足迹。

次日 B 组准备冲顶时，天下起了大雪，帐篷都被埋了一半。在这样的大雪天气条件下，攀登有着众多明暗冰裂缝、坡度陡峭的安纳普尔那峰是极其危险的，且十分容易触发雪崩。于是桑珠队长做出了放弃冲顶、立即下撤的决定。当时分在 B 组的队员洛则并没有多想，觉得反正是整个 B 组的队友都没有登顶，也许以后大家还可以一起来。不过他没有想到的是，13 年后，他会孤身一人前往尼泊尔补攀这座雪峰。

完成登顶安纳普尔那峰后，探险队直接去了道拉吉里峰。

道拉吉里峰，海拔 8167 米，世界第七高峰，以风大、路陡、落石闻名，有“魔鬼峰”之称。因为当时尼泊尔有关部门规定，每年 5 月 31 日为春季登山的“关门时间”。时间紧迫，探险队却不负众望，在关门时间截止前的最后两天成功登顶。

1993 年中国西藏攀登世界 14 座海拔 8000 米以上高峰探险队队员登顶道拉吉里峰。（中国登山协会资料图）

★奇迹在死神身边绽放

在14年的圆梦之路上，西藏“14座”探险队所遇到的危急时刻不胜枚举，甚至有时候还会与死神面对面，但凭借坚定的信念和团结协作的精神，往往会让奇迹在死神身边绽放。

1993年攀登安纳普尔那峰，探险队建立了三号营地作为突击营地，但由于老式高度测量仪不准确，实际上营地的建立高度远远低于突击营地应有的常规高度。由于天气逐渐变坏和物资运输的原因，已经没有可能再建立一个新的突击营地。次仁多吉率领A组队员决定凭借实力，一举跨越海拔1400多米的高度，直接突击峰顶。经过13个小时的艰苦攀登，安纳普尔那峰上第一次留下了中国人的足迹。同时，他们也创造了一个惊人的奇迹：登顶这座雪峰通常需要建立五六个营地的路线，西藏“14座”探险队只建立了三个就完成了冲顶任务。

在攀登马纳斯鲁峰过程中，探险队通过被称为“鳄鱼嘴”的冰崩区时，队员达琼刚刚走到一半，冰崩声就在头顶上方响起。后退已经来不及了，达琼撇下背包在齐腰深的雪中向前狂奔，一边大口喘气一边寻找躲避之地。就在夹杂着冰雪的气流冲过来的一刹那，达琼扑倒在一块巨石下，在队友的惊呼中任凭冰雪从

知识链接：

冰崩主要是由于气候变暖，使冰川容易融化、裂开，同时产生移动，继而发生冰崩现象。冰崩与雪崩不同，前者是指冰川上冰体崩落，是气候变化引起的，而雪崩主要是积雪太厚引发。

头顶如飞瀑般掠过。

队员边巴扎西在翻越一个冰壁时，正遇上山上的流雪冲了下来。躲避已经来不及，他只好在队友仁那的保护下，将冰镐和冰爪死死插入脚下的冰面来固定自己。铺天盖地的流雪哗哗地冲下来，在边巴扎西的身上碰撞着，翻卷着，劈头盖脸，呼啸远去，同时也带走了死神。

1998 年 8 月 27 日 23 点 40 分，西藏“14 座”探险队仁那等四名队员在洛子峰海拔 8000 米处的营地休息时，遭遇雪崩突然袭击。睡在靠近帐篷门口的仁那被强大的气流冲出帐篷外面，其他三位队员顷刻就被积雪吞

知识链接：

在积雪的山坡上，当积雪内部的内聚力抗拒不了它所受到的重力拉引时，便向下滑动，引起大量雪体崩塌，人们把这种自然现象称作雪崩。

雪崩首先从覆盖着白雪的山坡上部开始，先是出现一条裂缝，接着巨大的雪体开始向下滑动，并在向下滑动的过程中，迅速获得速度，猛烈向山下冲去。

雪崩从山体高处借重力作用顺山坡向山下崩塌，崩塌时速度可达每秒 20 米到 30 米；随着雪体不断下降，速度还会突飞猛涨，甚至达到每秒 97 米。

雪崩具有突然性、运动速度快、破坏力大等特点，能摧毁大片森林，掩埋房舍、交通线路、通信设施和车辆，甚至能堵截河流，发生临时性的涨水。同时，它还能引起山体滑坡、山崩和泥石流等。因此，雪崩被人们列为积雪山区的一种严重自然灾害。

没。危险时刻，仁那根本不顾自己的安危，而是冒着刺骨的寒风，顺着隐约露在外面的绳索，用双手在雪堆里拼命挖刨。十几分钟后，被积雪深埋在帐篷里不能动弹的三名队友得救了，可仁那的双手却被冻得失去了知觉……18 天后，不屈不挠的登山勇士再次突击，终于把五星红旗展示在海拔 8516 米的洛子峰峰顶。

2000 年，西藏“14 座”探险队在新疆境内从南坡尝试攀登乔戈里峰，持续了三个月未能取得成功。2002 年，他们又从巴基斯坦境内尝试沿北坡传统路线攀登，但因冲顶那天在接近峰顶只有 200 米时天气突变，出于安全考虑不得不下撤。2004 年 7 月 27 日，他们终于夙愿得偿，实现中国人首次登顶乔戈里峰。而且，这次登顶成功还创造了一项中国登山新纪录——3 人同时登顶 13 座海拔 8000 米以上高峰。

人物特写　雪山之子的挚爱——吉吉

在西藏“14 座”探险队里，有这样一位特殊的队员，她是队中唯一的女队员，也是因意外事故牺牲的主力队员仁那的爱人。她，就是两次登顶珠峰的我国第一支女子登山队的首批队员——吉吉。

行走冰峰雪岭间

吉吉 1970 年出生于西藏林芝。在她 14 岁那年被选入西藏自治区体委体工大队，成为女子中长跑项目运动员，并曾以 10 分 48 秒的成绩创造了当时西藏女子 3000 米长跑的新纪录。1989 年 4 月，吉吉转入西藏登山队女子分队，成为新组建的中国第一支女子登山队的首批队员，从此开启了她与冰峰雪岭的不解之缘：

1992 年春季，吉吉参加中日联合攀登姜桑拉姆峰，成功登上海拔 6324 米的高度；

1996 年秋季，吉吉参加中日联合登山队，成功登顶海拔 7326 米的卓木拉日峰；

1999 年，吉吉和丈夫仁那共同参与攀登珠穆朗玛峰采集全国第六届少数民族运动会圣火火种，一起登顶成功；

2002 年春季，中日联合攀登海拔 8201 米的卓奥友峰，吉吉成功登顶；

2005 年春季，参加复测珠穆朗玛峰高度暨纪念中日女子登山队员分别从南北两侧登顶成功 30 周年的活动，吉吉于 5 月 22 日再次成功登顶，成为继桂桑之后亚洲又一位两次登顶珠峰的女性……

“比翼双飞的雪山之鹰”

吉吉和丈夫仁那在各自的工作中表现都很突出，由于他们对我国登山运动的突出贡献，夫妻二人被国际登山界誉为“比翼双飞的雪山之鹰”。但是大家可能不知道，当年仁那和吉吉结婚时，可是有很多人投了反对票，就连双方父母都认为他俩不适合，原因就是两个人从事的都是外人看来风险极高的登山探险工作，一旦二人结合，对于一个家庭来说承受的风险太大。然而，爱情的力量是无人能够阻挡的。不管人们怎样劝阻，他俩还是走到了一起。结婚那天，队友们送来一副对联，上联是：一对比翼鸟；下联是：两个冒险家；横批是：生死与共。

同为登山者，他们更懂彼此，也更牵挂对方。身为妻子，吉吉对仁那的工作百分百支持。1993 年 8 月，婚后才 18 天，仁那就接到攀登希夏邦马峰的任务。面对新婚的妻子，一向果敢刚强的仁那陷入两难之间。吉吉似乎“看穿”了丈夫的顾虑，“放心去吧，家里有我，一切尽管放心。”一个人在家时，吉吉不停地到登山队本部打听丈夫的消息。当听说希夏邦马峰出现暴风雪，有登山队员遇难后，吓得她一连好几天睡不着觉。为了盼望丈夫平安归来，她每天面对远处的雪山默默祈祷，有时一站就是好几个小时。两个月后，仁那带着胜利的喜悦，挟着一路风尘走进家门。吉吉一头扎进丈夫的怀抱，泪水像开闸的河水，奔泻而下。

对于妻子的工作，仁那同样关心支持，所寄予的深情更让人感动。1996 年 7 月，吉吉参加中日联合登山队，攀登卓木拉日峰。出发当天，仁那把妻子送了一程又一程。送走妻子后的第三天，仁那又租了一辆车，一路颠簸赶到登山大本营。见到丈夫，吉吉喜出望外。等到正式登山那天，仁那不停打探山上的消息，比谁都着急。他还不停地用对讲机呼唤妻子的名字，为她加油。在丈夫的鼓励下，吉吉圆满地完成了登顶任务。

“英雄夫妻”同登珠峰

在吉吉和仁那的幸福生活里，携手创造国内第一对夫妻同时登顶珠峰的纪录，或许是最让他俩自豪的一件事了。他们“英雄夫妻”的美名也由此广为流传。

1999 年，吉吉和仁那入选第六届全国少数民族运动会火种采集队，

任务是从“地球上离太阳最近”的珠穆朗玛峰峰顶上采集全国民运会圣火火种——“中华民族圣火”。攀登途中，他俩被分在同一组。仁那一直紧跟在吉吉身后，给她带来极大的安全感。登到海拔 8300 米处，山体越来越陡，攀登十分困难。途中，他们还看到几具外国登山者留在雪峰上的遗体。吉吉不由得感到有些害怕，仁那则全力安抚着妻子。

5 月 27 日，离顶峰只有 20 米左右时，仁那停住脚步，拉起吉吉的手。就这样，夫妻俩手拉手登上了地球之巅。此次登顶成功使仁那和吉吉成为中国第一对同时登上珠峰的夫妇，吉吉也成为继潘多、桂桑之后第三位登上世界之巅的中国女子运动员。8 月 18 日，当圣火火种在全国民运会拉萨分赛场被点燃时，主持人朗声宣布：“仁那和吉吉是我国第一对登上珠穆朗玛峰的夫妻。”顿时，全场爆发出热烈的掌声。9 月 19 日，仁那和吉吉高擎着圣火火炬走进全国民运会北京开幕式主会场。

痛失挚爱

然而，吉吉怎么也没有料到，2005 年 5 月 27 日，远赴巴基斯坦登山的仁那却遭遇意外事故不幸罹难。而这一天，正是吉吉和仁那共同登顶世界第一高峰珠穆朗玛峰六周年的纪念日。

此时，吉吉正在珠峰大本营，参加 2005 年的世界第三极环保大行动。就在五天前，作为中日女子联合登山队队长，她率队第二次登上了珠峰峰顶。远在巴基斯坦的西藏“14 座”探险队还特意发来贺电，贺电落款就有仁那的名字，这让吉吉感到无比幸福。

可沉浸在幸福之中的吉吉不知道，领导和队友们为了把仁那遇难的消息委婉地通知她，绞尽了脑汁。5 月 28 日，在珠峰大本营吃过早饭后，世界第三极环保大行动指挥长突然宣布：女队员即刻动身，去樟木休养三天。刚到山下，环保队队长拦住了吉吉乘坐的车，通知她说：西藏自治区体育局让她回拉萨参加一个新闻发布会，还让两位女队员陪她一起回去。

不祥的预感掠过吉吉的心头。她脱口问道："是不是仁那出了什么事情？"

"吉吉你想到哪儿去啦！"环保队队长和她打着哈哈。

路上吉吉不安地哭了。司机一再安慰她，不会有什么事的。她往家里打电话，是帮她照顾家里的朋友接的，似乎有些心虚地告诉她："你妈妈和女儿出去玩了。"她又给"14 座"探险队队员的家属打电话，对方支吾着对她说："前天从巴基斯坦来过电话，探险队没什么事。"

吉吉不知道，就在她刚刚离开的珠峰大本营里，已经为仁那降了半旗。她的队友们，在寒风中站成一排，对仁那进行了沉重的哀悼。

傍晚，车到日喀则，要在宾馆里过一夜。电视台的《西藏新闻》播放了仁那牺牲的消息，吉吉却仍然不知道。两个女队友都爱看电视，可这晚不但不看，也不让吉吉看，在新闻播放时间还拉着她去洗澡。后来，她俩干脆把电视频道锁定了一个并不怎么好看的电视连续剧上，硬是不让吉吉换台。

5 月 29 日下午 1 点多，车开进了拉萨。西藏登山队副队长在路边等候，随后坐进车里陪她回家。一进家门，吉吉就看到她的亲属全来了，顿时感到情况不妙。她问哥哥："是不是仁那出事了？"哥哥不回答。她又问舅舅，舅舅也不回答。最后还是哥哥告诉她："仁那遇难了。"

听到这个噩耗，吉吉脑海中的世界嗡地飞旋起来，整个人无法承受直接昏了过去。随后的几天里，她茶饭不思，伤心欲绝，始终无法接受这个事实。她不相信仁那已经永远离开了这个世界，总觉得他只是到远方登山去了，总觉得哪一天他又会推开家门出现在自己和女儿面前：披着满身的风尘，被暴风和烈日吹晒得又黑又红的脸上，漾着无比欢喜的笑容。

他们结婚时的合影，吉吉一直带在身上，无论走到哪儿。当她感到孤独的时候，感到无助的时候，就会把照片拿出来看一看。2007 年 5 月，就是带着这张合影，在仁那遇难两周年后，吉吉随西藏“14 座”探险队来到巴基斯坦。从这里，她要接替丈夫的遗愿，登顶加舒尔布鲁木 I 峰。

实现丈夫的遗愿

吉吉做出这个决定，是在 2006 年 9 月她到北京体育大学读书，听到西藏“14 座”探险队要重新启动攀登加舒尔布鲁木 I 峰计划后。她向登山队领导请示道：“这么多年来，仁那的愿望就是登完‘14 座’。这个愿望也是我俩共同的愿望。如果他对自己的一生有什么遗憾的话，就是没能登完‘14 座’。就让我来代替他弥补这个遗憾吧。”

经过郑重的考虑，西藏体育局和西藏登山队同意了吉吉的请求，她成为西藏登山队唯一参与“14 座”山峰攀登的女队员。逝者已矣，生活仍需继续，擦干泪水的吉吉很快便重新踏上征程。之后的一年多，吉吉时时刻刻都在加紧训练，进一步提升体能和完备技术，立志为丈夫完成心愿。每当训练遇到困难时，眼前就会浮现出仁那的笑容，仿佛在不停地鼓励着她。

2007 年 7 月 12 日，当吉吉历尽艰辛和队友们一起站上加舒尔布鲁木Ⅰ峰峰顶时，她在心中默念：“仁那，一路走好。我替你完成了心愿！”那一刻，吉吉分明感觉到仁那就站在身边，和他生死与共的兄弟，和他深爱的妻子，面对他眷恋的这片高峰，用力挥舞着手中鲜艳的五星红旗……

2007 年 7 月 20 日，探险队在从大本营回到斯卡度之后，专程去了仁那最后停止呼吸的地方——巴基斯坦的某边防检查站。大家在山坡向阳的地方为仁那立下一块纪念碑，并且献上哈达。吉吉跪在碑前，

吉吉作为 2008 年北京奥运火炬接力珠峰传递活动的第一棒火炬手在珠峰顶峰。（中国登山协会资料图）

向丈夫无声地讲述了为了圆梦她和队友们所经历的一切，告诉丈夫自己一定会坚强地生活下去，把女儿抚养成人。她还告诉丈夫，自己已经被选为2008年北京奥运火炬接力珠峰传递活动的火炬手。因为他们曾经相约过，在2008年高举着奥运火炬，再一次共同攀登珠峰。她将再一次代替丈夫实现这个约定。

2008年，吉吉被评为“感动中国年度人物”。颁奖词这样写道：“白的雪，红的火，刺骨的风，激荡的心。鹰失去了同伴，但山的呼唤让她飞得更高。她，是高山上绽放的雪莲。”

第五章　登山精神的传承与发扬

DIWUZHANG
DENGSHANJINGSHENDECHUANCHENG
YUFAYANG

镜头1　绕不开的贡嘎山

在世界体育运动中，登山运动最为艰苦，也最具挑战性。登山运动员向高峰冲击，挑战自我，没有观众，没有掌声和喝彩，更没有金牌。然而，他们创造的辉煌业绩，为祖国赢得了荣誉。几代登山运动员用热血和生命凝结成的“登山精神”，更是新时代中国体育精神的重要组成部分。直面巍峨雪岭冰峰，艰苦奋斗，奋发图强，向巅峰挑战，向极限挑战，一次次刷新世界登山史的新纪录，一次次把五星红旗插上雪山之巅。

老一代登山运动员用热血和生命谱写了新中国登山事业的辉煌篇章，为祖国争得了荣誉。他们身上所体现出来的“不畏艰险、顽强拼搏、团结协作、勇攀高峰”的登山精神，是一曲爱国主义、集体主义和革命英雄主义的凯歌。

在科学技术、物质水平快速提升的当今社会，我国登山户外运动迎来了蓬勃发展的新阶段。伴随这一过程，人们对于登山精神的理解也日趋成熟。万变不离其宗，探索自然、挑战自我、团结协作的登山精神内核是不会改变的。

登山精神最重要的一点就是团队合作。人在大自然面前是很渺小的，需要依靠团队的力量来抵御自然的威胁与侵害。“无兄弟不登山”，拥有志同道合、互相了解、能力相当的伙伴，也会提升登山活动的成功率和安全性。

为什么要登山？这一问题为众多登山者以及不登山的人所探讨。而在攀登路上找寻登山的意义，或许会更接近问题的答案。登山不是为了让世界看到你，而是让你看到世界——看到与自己生活并熟悉的环境截然不同的景象，这里山河壮丽，苍凉迷人，自然的鬼斧神工让心灵不断受到震撼；看到高寒缺氧的极端环境下，让人束手无策、心生绝望的自然的威力，大风、暴风雪、雪崩、落石……这些都能让自诩为万物之灵的人类陷入生死之境。站在世界之巅一览众山小，从制高点俯瞰我们生活的地球，不但开阔视野，更扩宽了内心的世界。这是一个眼睛在天堂，身体在地狱的漫长过程，而最终安全回到人间的登山者无一不感恩雪山的接纳与庇护。

★ “蜀山之王”的威力

近1300年前，诗仙李白用一首诗的嗟叹，让世人了解了“天府之国”有多难抵达——“蜀道之难，难于上青天，使人听此凋朱颜！”能与当年的“蜀道之难”相提并论的，恐怕要算蜀山之险了。被誉为“蜀山之王”的贡嘎山无疑位居蜀山之险的巅峰，这座海拔7556米的四川省第一高峰有着远高于其他山峰的登山死亡率。自1932年美国人特里斯·摩尔和理查德·伯德尔首次成功登顶以来，来自多个国家的一批批勇于挑战自我的攀登者陆续前往贡嘎山，其中有人收获成功的喜悦，

贡嘎雪山。（摄影：罗罗）

有人却永远地留在了那里。

贡嘎山坐落在青藏高原东部边缘，在横断山系的大雪山中段，位于大渡河与雅砻江之间。“贡嘎山”藏语意为“最高的雪山”，山体南北长约 60 公里，东西宽约 30 公里。主峰海拔 7556 米，有西北山脊、东北山脊、西南山脊、东南山脊四条主山脊，在四川省康定、泸定、石棉、九龙四县之间。贡嘎山地区地质构造活动频繁，产生了许多褶皱和断裂。随着山体的抬升，河流东西两坡形成了高差近 5000 米的峡谷。

贡嘎山还是一位“离群索居的王”。全世界其他海拔在 7000 米以上的高山大多集中在世界屋脊帕米尔高原和青藏高原，而贡嘎山却远在川西，其间相隔千里，特殊的地理位置让它成为世界上海拔 7000 米级高峰中最东方的一座。

贡嘎山山脚海拔较低，只有 1000 米左右，与山顶海拔相差 6000 多米，其间林海和草地构造出层次分明的垂直带谱。随着海拔高度不断上升，身边植被的种类也在悄悄发生着变化，给贡嘎山带来“一山有四季，十里不同天”的奇妙景观。

知识链接：

垂直带谱是指山地自下而上按一定顺序排列形成的垂直自然带系列。其结构类型主要取决于山地所处的地理位置和山地本身的特点（相对高度与绝对高度、坡向、山脉排列形式等）。

独特的地理环境赋予了贡嘎山无穷的魅力，但也给登山者设下了严峻的考验。常年的冰蚀作用使得贡嘎山陡峭的山峰变成棱角分明的金字塔形状，冰雪崩发生极其频繁。山峰周围峭壁环绕，狭窄的山脊犹如倾斜的刀刃，行走起来十分困难。而且坡壁陡峭，岩石裸露，坡度接近70度，高度落差极大。登山者想要接近贡嘎山，也需要费一番功夫。横断山脉山高谷深，还没到达贡嘎山山脚，就已经饱尝了翻山越岭的滋味。在外人看来，贡嘎山的冰川陡壁十分壮观，但登山者根本无暇欣赏美景。因为，冰裂缝、雪崩、落石、滑坠……样样都有可能夺去攀登者的性命。“蜀山之王”复杂的自然地理环境使得它十分难以攀登，所以，历史上的每一次登顶都来之不易。

“花钱可以上珠峰，但上不了贡嘎。”这是盛传于登山界的一句名言。100多年来，贡嘎山主峰一直保持着登顶难度极大、杀伤率极高的“恶名”。据不完全统计，截至2017年10月，仅有32人成功登顶贡嘎山，却有21人在登山过程中遇难，登山死亡率远远超过珠峰及其他13座海拔8000米以上山峰。由此，贡嘎山被称为“世界上登山死亡率第一峰”。其中，日本人四次登山共14人遇难。1957年6月，中华全国总工会登山队首次独立攀登贡嘎山，队员丁行友在攀登之前的训练中遇雪崩牺牲，6人登顶成功后，国德存、师秀、彭仲穆在下撤途中滑坠遇难……

前面介绍过，贡嘎山陡峭的西南坡壁几乎达到70度，还有大量的悬冰层，所以几乎没有人选择从这一边攀登。东北山脊曾被日本和韩国登山队挑战成功，却也是在牺牲了队员的前提下才得以完成。所以，一般登山队多会选择西北山脊这条相对容易的路线。对专业登山运动员来说，攀登这道山脊本身并不算很难，山顶还是个很大的平台，而且路线上冰岩混合和纯岩壁很少。然而，攀登贡嘎山主峰的重要危险因子之一其实是复杂多变的天气状况。走传统路线翻上山脊之后，横风特别大，春秋季暴雪加上大风，气温可能骤降到零下40℃。这也可

以说明了，为何攀登贡嘎山多因滑坠遇险。

★中国登山队首登贡嘎山

早在 1957 年，中华全国总工会登山队（中国登山队前身）就来到贡嘎山进行考察。当时，中国的登山队伍还很年轻和稚嫩，之前都是与苏联组成联合登山队。这次攀登是中国登山队首次独立组队攀登海拔 7000 米以上山峰，而这第一次“7000 米成人礼”就选择了难度超高的“蜀山之王”，对中国小伙子来说是不小的挑战。

1957 年组建的这支中华全国总工会登山队，包括 21 名登山运动员，21 名科研人员，还有一支庞大的后勤队伍。队伍组建伊始，就大小险情遭遇不断。第一次事故发生在攀登前的高山训练中。5 月 28 日，13 名队员在训练过程中需要穿越一段坡度较大的雪地，当他们从海拔 5100 米的陡崖下部向上攀登时，遭遇雪崩，13 个人被裹挟在冰雪中沿着山坡滚动，瞬间便下滑了 200 多米，最后全部被埋在冰雪下面，或落入冰裂缝之中。被浅埋的队员率先自救成功，他们顾不上喘息，马上用双手用力挖刨积雪，拼命营救其他队友。终于，所有队员都被救了出来。但是，气象工作者丁行友被埋得太深，经抢救无效不幸牺牲了。他是这支队伍第一位牺牲的队员。

6 月 4 日，对主峰的正式攀登开始了。17 名登山队员从贡嘎山大本营出发，向主峰进发。他们采用的是西北山脊攀登路线，但首先要经过一段陡峭的冰川才能攀上西北山脊，而这段路是雪崩高发区；然后沿着西北山脊行进，中间会遇到一处叫作“驼峰”的冰丘，这是整条路线上的难点；翻过“驼峰”，是一块凹地，需要滑到凹地最低处再上升，才能进入西北山脊的最后一段，这一段冰雪和岩石错综交杂，也非常危险。

随着攀登的海拔不断上升，空气也越来越稀薄。而登山队员每人又背负着沉重的物资和器材，一些队员开始体力不支，难以应付高强度的攀登，加上有几人高原反应发作，不得不中途下撤。人员逐渐减少，最后只留下 6 个人继续前进。第五天，他们攀登到了“驼峰”，在那里建立海拔 6025 米的五号营地。次日，他们穿过了险要的“驼峰”。第七天，海拔 6700 米的七号营地也建立起来。七号营地是最后的突击营地了，再往高处地形更加复杂，根本没有搭建营地的地方。所以，登山队员们要从海拔 6700 米一鼓作气登顶海拔 7556 米的山顶。这之

贡嘎山夕照。（摄影：罗罗）

间垂直距离 800 多米的路程，都要在贡嘎山的“关门时间”之前完成。

6 月 13 日凌晨 3 点，6 名登山队员从七号营地出发，踏着夜色向山顶发起突击。虽然遇上了难得的好天气，但是一路上遍布的冰雪路面也难以穿越。他们每走一步都要用冰镐在冰面上凿出阶梯，这样才能有一些落脚的地方。低温和缺氧的环境极大消耗着队员们的体力和意志，这最后的 856 米路程他们足足走了 10 个小时。下午 1 点半，史占春、刘连满、刘大义等 6 人终于登上了贡嘎山山顶。但不幸的是，登顶队员中师秀、彭仲穆、国德存 3 人下山时，在海拔 7000 米左右高度最陡的一段冰坡上滑坠，坠下几千米深的山涧光荣牺牲。1957 年 6 月，中国登顶突击小队付出了半数队员宝贵生命的惨重代价，才完成预定任务。而从此以后，人类对“蜀山之王”的攀登也尘封了十数载。

★贡嘎山迎来新访客

在贡嘎山首次登顶成功后的几十年间，国际上先后有日本、瑞士、韩国、美国、法国、意大利、挪威、加拿大、德国等国家登山队来到这里实现自己的理想，但其中有一些人则永远留在了这里。

而贡嘎山顶峰等到又一批中国登山者，已经是 61 年后了。2018 年 10 月 18 日，来自四川成都自由之巅团队的李宗利、童海军成功登顶贡嘎山。他们此次选择的攀登线路为北壁转东北山脊，相比传统的西北山脊线路更加陡峭。

李宗利曾是四川省运动技术学院的摔跤运动员。2006 年，一次机缘巧合接触到登山运动后，连续 12 年从事登山活动，每个月至少有 10 天都在登山或带领他人攀登。他毕业于中国登山高级人才培训班

小心翼翼地通过横切路段。（摄影：童海军）

（CMDI），是中国第一批由法国教练培训的职业高山向导。童海军是李宗利的徒弟，这位1995年出生的青海小伙子，从十几岁开始接触登山运动。2015年，童海军来到成都跟随李宗利学习。第二年，师徒开始一同尝试攀登贡嘎山。

所以2018年攀登贡嘎山，已不是他俩首次尝试。在2016年，李宗利、迪力夏提、童海军组成的攀登队曾尝试从东北山脊路线登顶。经过9天的顺利攀登，3人于11月3日抵达海拔6700米的地方，贡嘎山山顶仿佛近在咫尺。可万万没想到，原本定于11月4日的冲顶计划，却被持续大风造成的恶劣天气中断，3人强撑至11月5日，不想帐篷都被大风破开一道大口子，物资也大都被刮走。李宗利三人最终无奈选择下撤。

初尝败绩之后，李宗利和童海军花了一年的时间调整心理状态，总结失败教训，并寻找解决办法，做好了再次面对类似困难的准备。最后，他俩制订了更为详细的 2018 年攀登攻略。这一次他们对所有登山装备都进行了最优化的选择和比较，也查阅了详细的天气预报。从 2018 年 10 月 12 日进入燕子沟景区开始，李宗利、童海军仅用时 6 天便完成登顶贡嘎山，看似过程一帆风顺，其中历程实则一波三折。

在攀登的 3 天之中，山上的大风夹着雪粒狠狠抽打在李宗利和童海军的脸上、身上，他俩几乎失明，眼前一片白茫茫，什么都看不见，

攀爬贡嘎山的陡峭雪坡。（摄影：童海军）

这种感觉真令人太绝望了，直到太阳升起才有所缓解。攀登过程中，每天晚上支起的帐篷周边没有一点儿多余的空地，这意味着帐篷一旦被吹动，就会直接滚落 1000 米的悬崖。为了确保安全，他们就用 4 支冰镐和身上的冰锥对帐篷进行固定。等到成功登顶后下撤的时候，两人遇到了暴风雪，他们根本识别不了方向，也到不了营地。两人在没有补给的情况下窝在雪堆里睡了一晚。

李宗利和童海军这一次攀登线路高差 2500 米，每天海拔上升 800 到 1000 米，雪坡的坡度为 65 度至 75 度，沿途岩石很少。他们把这条线路取名为“无畏”，以此彰显探险精神。登山是一项高风险的运动，从登山运动产生到今天，一直都有人离开，但也有人在永远追随。也正是凭借一种无畏的精神，才能够发展到今天。

李宗利（右）和童海军在贡嘎山顶峰。（摄影：童海军）

镜头 2　体验式攀登在中国

在拥有众多山地资源的中国，人们可以根据自身条件选择合适的亲近雪山体验攀登的方式。在一些适合初级入门者攀登的项目中，开展雪山登山节活动是最主要的一种形式。政府与户外俱乐部合作的模式，为活动提供了完备的安全后勤保障和较为系统的技术支持，让第一次和雪山亲密接触的普通人可以没有后顾之忧地参与体验登山运动。之前作为国家任务完成的“7+2”“14 座”等攀登计划，如今在运作周密、保障完备的登山公司的操持下，令越来越多的业余登山爱好者也能够有机会站上地球的各个极点，体验攀登的乐趣。

踏上雪山攀登之路，就进入了一个与日常生活截然不同的世界。雪山如同滤镜，给山上的世界罩上一层纯净。在这里，任何的肮脏都无比显眼，无论是被随手丢弃的垃圾，还是自私张狂的人性。雪山之上，点滴的感动也会被无限放大，与你非亲非故的高山向导对你不弃不离，为你挡风遮雪，这份特定情境下的患难之情更会让人格外眷恋。雪线之下无风景，路绳之上皆兄弟。这或许就是吸引很多人走向雪山，开始攀登的原因之一。

★参加登山节亲近雪山

在我国西藏、青海、四川、云南、新疆等山地资源丰富的省区，每年都会在山峰所在地举办各种形式的登山节、登山大会，吸引来自当地和全国各地的登山户外爱好者前来参与。他们当中的很多人都是在这些活动中完成了自己人生中第一次与雪山的亲密接触，而攀登入门级雪山也成了他们此后登山之路的开端。

2018 年第十六届中国西藏登山大会的重头戏就是洛堆峰高海拔登山探险活动。登上了海拔 6010 米的洛堆峰顶峰，体验者们便获得了攀

被积雪覆盖的洛堆峰。（摄影：史卫静）

登海拔 7000 米级别山峰的资格；经过多次攀登的积累，完成海拔 7000 米级别山峰的攀登后，接下来才可以去尝试攀登海拔 8000 米级别山峰。就这样，“678”攀登计划从洛堆峰开启后，便可以逐级攀升展开了。

洛堆峰地处念青唐古拉山脉西段，位于西藏自治区拉萨市当雄县羊八井镇境内，海拔 6010 米。洛堆峰山脚下的公路直通海拔约 5600 米的雪线处，有着一流的接近性，不同于其他很多雪山需要徒步十几公里才能来到大本营。洛堆峰地形相对简单，攀登沿线几乎没有特别险峻的冰岩雪坡，非常适合初次接触雪山的登山者攀登，是雪山探险入门的理想之地。

老家在那曲的藏族姑娘卓卓 11 岁时，曾经在家附近的甜茶馆里看到过一张山峰的图片，深受震撼。2015 年，她开始在拉萨做英语导游。2016 年，22 岁的卓卓带旅游团来到珠峰大本营。亲眼看到远处的景象，她猛然意识到，从 11 岁起就在心里扎根的那张山峰图片拍摄的就是珠峰。当时她就萌生了一个愿望：一定要站到珠峰顶上去看看。

2018 年 4 月，卓卓在西藏自治区登山协会的安排下，带领国外登山团队在日喀则观光。第一次近距离接触到登山人，更燃起了她心中攀登的梦想之火。当得知中国西藏大会设置了洛堆峰高海拔登山探险活动后，她毫不犹豫地报了名。一般来说，“十一”假期是导游最忙的时候，可她为了登山也推掉了不少订单。

卓卓跟随大部队来到羊八井登山训练基地，租借装备、接受技术训练、做好进山的攀登准备……一切都按部就班地进行着。

在别人看来艰难的雪山攀登过程，对卓卓来说却没有那么辛苦，没有高山反应、没有体力不支，她沿着路绳一步一步往上走就到了峰顶。

站在海拔6010米的洛堆峰峰顶上，一路上都很平静的卓卓此刻心情却分外激动，“登山让我找到了生活的意义。”说这句话时，她的眼睛里闪烁着兴奋的光芒。

可下撤的过程竟让卓卓有些无所适从，“雪太厚了，我感觉自己像不会走路了一样，走两步就陷在雪里走不动了。”圆满完成了对洛堆峰的攀登，卓卓接下来的目标非常明确，多带团，多挣钱，攒够登山的费用，一步一步向着珠峰前进。她坚信：自己总有一天会站上世界之巅！

登山队员向洛堆峰峰顶攀登。（摄影：史卫静）

★ “7+2”俱乐部里的中国人

“7+2”探险计划是指登顶世界七大洲最高峰且徒步到达南北两极极点的探险活动。据不完全统计，2005 年以前，全世界只有 5 个人完成“7+2”探险计划，但其中没有中国人。从 2005 年至 2018 年，就有 19 位中国人完成了此项计划。53 岁的李建宏就是其中之一，同时他也是新疆首位完成此项计划的登山者。从一名登山门外汉到完成这一壮举，李建宏用了 7 年时间，他的生活因为登山而改变，他也在登山过程中缔造了一个个传奇。

徒步抵达南极点。（图片提供：李建宏）

这要搁七年前，李建宏怎么也不会想到自己能跻身“7+2”俱乐部。当时，他甚至都无法想象自己有朝一日会去登山，而且还能够乐在其中。

在 2011 年之前，登山运动在李建宏的印象中还是一件“要命的事”。他看过不少包括王勇峰、王石、王秋杨等在内的国内著名登山者写过的书，还有一些像《垂直极限》这类的登山电影。“太危险了，我肯定不会从事这项运动，没必要。”这是李建宏对于登山运动最初的想法。

转变源自一场滑雪登山活动的筹划。李建宏的朋友罗力在 2011 年 8 月去慕士塔格峰参加滑雪登山，身为东道主的李建宏决定陪朋友亲赴大本营，但并不打算跟着参加活动。因为他之前到过慕士塔格峰山脚下的卡湖，就已经有严重的高山反应症状了，那里才海拔 3300 米。让他登上海拔 7546 米的慕士塔格峰峰顶再滑雪下来，那是绝对不可能的。

但是当时中国登山队队长王勇峰在了解了李建宏平时的锻炼情况后，评估他的身体素质攀登慕士塔格峰是没有问题的，并表示可以用科学的方法帮助他把高山反应症状缓解到最低程度。得到了专家的肯定，李建宏开始添置登山装备，打算尝试一下。为了适应高海拔环境，他还专门自驾去了西藏，到珠峰大本营、阿里这些海拔在 5000 米以上的地方挑战自我。

等到 2011 年 8 月，李建宏按照王勇峰教的方法，压着步子掌握节奏走到慕士塔格峰大本营后，一边多喝水、一边打牌分散注意力，竟然真的不像以前那样因为高山反应感到无比煎熬了。然后，按他自己的说法，就“跟着大家不小心登顶了”。李建宏回忆，其实登顶的过程还是挺辛苦、挺难受的，但看到当时队伍里的两名女队员一路表现

即将抵达北美洲最高峰麦金利山峰顶。（图片提供：李建宏）

都很好，他一个大男人怎么好意思说放弃呢？登顶结束下撤到 C3 营地后，李建宏以“滑两个坡摔一跤”的频率滑雪回到了大本营……

成功登顶慕士塔格峰，让李建宏信心大增。在登顶慕士塔格峰一个多月后，2011 年的“十一”假期，李建宏成功登顶非洲最高峰乞力马扎罗山主峰，正式踏上“7+2”征程。他计划，2015 年完成全部登顶。

在完成“7+2”探险计划的过程中，李建宏也经历了很多惊险时刻。让他最难忘的是在北美洲最高峰麦金利山遭遇暴风雪，“我们当时在 C2 营地的帐篷里待了整整三天，天天挖雪，雪大得都快把帐篷给埋了。”好不容易熬过暴风雪，又要提防雪崩风险。攀登麦金利山，登山者不仅要背负自己的个人物资，公共装备也要分担给每个人来背，向导只负责带路。这样一来，李建宏估算自己背负的总重量达到了 20 公斤左右，这是他在之前参加的体验式登山活动中从来没有体验过的。麦金利山的成功登顶，让李建宏对自己完成“7+2”计划越发有信心了。

2015 年，李建宏按计划来到珠峰南坡大本营，准备完成“7+2”计划的最后一站。也正是在这里，他亲历了尼泊尔大地震，拍摄的一段视频记录下当时珠峰南坡天崩地裂的惨烈景象。李建宏回忆说：“当时就觉得完了，这下回不去了。”那一次也把家里人吓坏了，说什么也不让他再去登山了，而他也正好要忙于其他事务。就这样，“7+2”的实现被暂时搁置下来。

2018 年珠峰登山季，李建宏继续向自己未完成的目标进发。“知子莫若父”，父母知道儿子是不会放弃目标的，反正拦也拦不住，只能默默祝福，盼着他平安回来。李建宏大学刚刚毕业的女儿也来到珠峰南坡大本营，为父亲加油。5 月 21 日尼泊尔时间 5 点 30 分，终于站上珠峰峰顶的那一刻，李建宏的心情反倒很平静，并没有想象中那么激动，“当时就觉得很累，想着‘7+2’探险计划终于完成了，拍完照

在大洋洲最高峰查亚峰峰顶。(图片提供：李建宏)

片就能赶紧下去了。”因为所有拍照用的旗子都在同伴的包里，李建宏在珠峰峰顶待了两个小时等待同伴，这也使得他有工夫好好欣赏了一番世界之巅的绝美风光。

★登上“14 座”

登顶世界上 14 座海拔 8000 米以上高峰，这个曾经是唯有靠国家和集体力量才能够完成的大项目，如今也能为有能力、有条件的人所体验。而跻身完成这个项目行列的中国人，除了之前介绍过的专业登山者，也多了几名业余登山爱好者，他们的故事同样精彩。

业余登山爱好者张梁就是其中之一。虽然张梁已经有 17 年攀登雪山的经历，累计登顶 32 座，但他现在还能回想起攀登第一座高海拔雪山时的感觉。他第一次攀登的雪山是青海的玉珠峰。那是 2000 年 9 月底，在平均海拔只有 100 米的深圳生活多年，从未体验过高原反应为何物，在格尔木拉练了几天就一下子上到海拔 5000 米的玉珠峰南坡大本营，张梁感觉脑袋似乎要炸开，两小时后就吐得一塌糊涂。就这样蔫蔫地忍了三天，高原反应的劲儿过去了，他登上了玉珠峰。

那是张梁第一次攀登雪山的经历，当时还信誓旦旦地说“以后再也不登山了”。可谁想，第二年他就攀登了慕士塔格峰。之后，他的登山步伐就再也没有停止过。而且他的目标更锁定了越来越高的山峰。

“每一天的攀登好像想到的就是死亡。”在攀登安纳普尔那峰之前，张梁已经成功登顶 9 座海拔 8000 米级雪山，其中还包括世界最高峰珠穆朗玛峰。但没有哪座山会像眼前这么难、这么危险。

攀登洛子峰。（图片提供：张梁）

2014 年 4 月，作为这一年登山季唯一的一支队伍，张梁和两名队友来到位于喜马拉雅山脉中段尼泊尔境内的安纳普尔那峰。齐腰深的积雪拖慢了行进的进度，他们耗费了四天时间才从二号营地上到三号营地。这一路段是安纳普尔那峰的雪崩冰崩高发区，山壁陡峭，全部被硬冰覆盖。张梁和队友们不得不贴在雪地上匍匐前进。

食物和补给都已耗尽，队员们精疲力尽，张梁不得不在海拔 7500 米的高度上选择了下撤。这一次冲顶失败，让张梁险些退出登山运动。

撤离到大本营后，张梁拿出小型摄影机。面对镜头，他无法保持轻松，“我喜欢登山，非常热爱雪山。但是我会更热爱生活。”高海拔的稀薄空气和长时间的体力消耗让他的声音有些颤抖，又停顿了几秒，“再见，安纳普尔那。再见，雪山。”

但这个决定却很快被他推翻。张梁深信自己是个理智而清醒的登山者，虽然他的登山历程中也有各种放弃，但事实上，他从未真正放弃过雪山。

又经过近一年的准备，2015 年 3 月 24 日，张梁历经艰险，终于站在了安纳普尔那峰的峰顶。

此后，张梁又接连登顶了几座海拔 8000 米级雪山。到 2017 年 10 月 2 日，位于巴基斯坦北部被称为“食人峰”的南迦帕尔巴特峰也从张梁的“14 座”清单上划去了。他所在的队伍也成为南迦帕尔巴特峰登山史上第一支在 10 月份成功登顶的队伍。而这次攀登成功意味着张梁已经完成了全球 14 座海拔 8000 米级雪山的登顶目标。

南迦帕尔巴特峰之巅是个暂时的完美句点，同时也意味着张梁这个名字将列入“14 座”俱乐部的名单中。张梁渴望用自己拍摄的影像，让更多的人看到海拔 8000 米以上的风景。影像诉说着经历，也记录着伤痛与失败。从 2004 年 9 月，张梁登顶了人生的第一座海拔 8000 米级雪山，随后的 13 年里，他的相机一直没有放下过，那些雪峰路线上的生死、煎熬与成功，都历历在目……

登顶世界第九高峰南迦帕尔巴特峰。（图片提供：张梁）

镜头3 存鹰之心在山巅

回顾登山运动在我国的发展历程，有一个群体是不能够被忽视的，那就是在校大学生。自1960年开始，刚刚从北京地质学院石油地质勘察系毕业的王富洲和队友们一起首次从北坡登顶珠穆朗玛峰，到我国最早完成七大洲最高峰探险计划的李致新和王勇峰，于1984年在校期间以纳木那尼峰开始平生第一次登山，再到2008年，以黄春贵、袁复栋为代表的在

山鹰翱翔在珠穆朗玛。（图片提供：北大山鹰社）

校大学生参与在珠峰之巅进行的北京奥运会火炬传递活动……

如今在全国多所高校中，学生登山社团的活动开展得如火如荼。越来越多的大学生在求学期间走向雪山，亲身感受登山的无穷魅力；也有不少学生毕业离开社团后，继续在登山路上执着前行。高校登山社团在一定程度上肩负着普及推广登山运动的责任，为国内登山事业输送了大量专业人才。

并非每个人都有机会攀登珠穆朗玛峰，也不是每个登山者都能成功登顶每座山峰，但在攀登的过程中感受成长、感悟友谊与爱、学会承担与放弃、体会登山精神，却是每个人都可以得到的收获。在登山的过程中挑战自我，让青春得到历练，远比登顶这一结果重要，这也是参与登山活动的大学生和校方、家长、业内专家及行业管理者的共识。

★雪山之上山鹰翱翔

北大山鹰社便是这些高校学生登山社团中的优秀代表。山鹰社的成立很偶然，偶然到近乎有些戏谑。不仅起因戏谑，连成立日都有些戏谑。

那是著名冰川学家、北大教授崔之久老师从北极归来的一次讲座中，崔教授讲述了雪山攀登对于我国国民经济的重大意义，并意味深长地提出：“难道中国大学生就没有一点儿冒险精神？北大学子就不能挑起这个重担？”正值爱国热情高涨、无数青年寻找为国效力机会的年代，一群北大年轻人热血沸腾，推案而起。地质系 1986 级古生物专业本科生李欣、刘劲松和陈卫华等人当即决定，为了北大、为了青年、为了中国，他们要迈出这第一步。1989 年 4 月 1 日，北京大学登山协会正式成立（后更名为北京大学山鹰社）。

成立于愚人节的山鹰社对于登山这件事是绝对认真的，不带丝毫戏谑。在那个物质并不丰富的“诗和远方”的年代，几个懵懂的学生怀揣着对高山的向往办起了一个小小社团，在草创之初，没有技术、没有资金、没有设备，只凭着胸中一股爱国、不服输的信念，磕磕绊绊地拉起了一支不怎么专业的队伍。没有钱？那就绞尽脑汁拉赞助，卖方便面也能凑出一笔活动款。没有经验？那就想办法找专业人士请教，慢慢地摸索总结。没有设备？厚着脸皮去国家登山队借，买不起登山绳，用军训背包带代替也不错。没有场地？宿舍楼中心的裂缝就很好……

在学校及中国登山协会和社会各界的帮助下，北大山鹰社发展迅速。1990 年，山鹰社第一次出征，登山队于 8 月 23 日成功登顶东昆仑玉珠峰（海拔 6178 米）。1992 年，山鹰社三位队员完成了中国人对西藏念青唐古拉中央峰（海拔 7117 米）的首登。1994 年，山鹰社成功登顶各拉丹东峰（海拔 6621 米），这也是中国人第一次登上长江源头的雪峰。1998 年北大百年校庆之际，山鹰社三名队员成功攀登世界第六高峰——卓奥友峰（海拔 8201 米）。

29 年间，北大山鹰社的足迹踏遍青海、西藏、四川、新疆等地。

43 次出征，28 座山峰登顶，260 余名北大学子圆了雪山梦。在加入山鹰社之初，同学们大多是没有体育特长的登山“小白”，只因有着不断向上的追求和对雪山顶峰的向往，大家来到操场、岩壁、野外刻苦训练，锤炼意志，在雪山上不畏艰险，勇往直前。雪线之下无风景，路绳之上皆兄弟，携手行进在攀登路上的兄弟姐妹中走出了 10 名国家登山运动健将、11 名国家一级登山运动员和许多二级、三级登山运动员。

辉煌固然备受瞩目，失败亦会相伴而行。1991 年在新疆慕士塔格峰，由于种种原因，山鹰铩羽而归；但是，从哪里失败就在哪里站起来，1993 年，山鹰重返慕士塔格峰，11 名队员登顶，并被授予国家一级登山运动员。2002 年，山鹰折翼希夏邦马西峰，令人痛心；然而，他们

在世界之巅展示国旗与校旗。（图片提供：北大山鹰社）

没有就此被打倒，而是汲取经验教训并调整登山策略，做到以人为本、安全为先，继续前行。

2003 年，山鹰回到起点，重拾初心，再次起飞，攀登玉珠峰并成功登顶。2018 年，山鹰社在校学生、北大在职教工及知名校友以攀登世界最高峰——珠穆朗玛峰的方式，为母校 120 周年校庆献上了来自世界之巅的祝福。

除了组织登山活动，从 1992 年开始，北大山鹰社每年暑期都会举办科学考察活动，深入青海、西藏、四川等高海拔、偏远地区，通过实地考察、入户访谈等方式，就专项课题进行调查研究。这不仅弥补了北大山鹰社作为户外社团在文化方面涉猎较少的缺憾，也让更多社员能够抵达远方，认识社会，认识世界，同时留下了一批有关地区丰富的资料供人们查阅。

每年冬季，山鹰社都会在北京郊区选择一处冰雪世界，举办冬训活动，旨在培养参与者在冰雪环境下生存的基本技能。他们除了指导攀冰、冰坡行走、雪坡行走、结组、滑坠制动等各种登山必备的技术，还传授在冰雪环境中扎营、做饭等野外生存技能，为来年攀登活动的顺利开展打下坚实基础。

户外技能大赛是由北大山鹰社组织的全国性赛事，每年都会吸引来自全国各地 20 几所高校的学子踊跃参加，所含项目包括攀岩、绳索技术、营地技能、定向等各类户外技能。通过这项赛事，不仅促进了兄弟社团之间的交流，也体现了北大社团在承办校际大型活动方面的能力和风采。

作为北大多年经营的品牌社团，山鹰社在校园中有着广泛的影响力，每年新招覆盖近千人，为大批北大学子提供了接触户外的平台。

而且，对新社员的“帮扶带”已经成为山鹰社的良好传承。每周二、四晚上的固定时间，在五四操场的东南角，总有一群人加油呐喊、共同训练，那便是山鹰社组织的例行体能训练；每到春秋季的周末，东灵山、百花山、海坨山、凤凰岭、红螺山、老龙窝等地也有山鹰活跃的身影，京郊徒步露营活动不仅使社员们亲近大自然、放松身心，更增长了户外知识，锻炼了野外生存与生活能力。虽然对于大多数社员来说，登临高峰还是一种奢望，但通过上述活动，情怀的陶冶、能力的提升亦是受益匪浅。

山鹰社还提供了丰富的攀岩机会，不论是伫立在未名湖畔高大的人工岩壁和攀石墙、邱德拔体育馆地下定期开放的攀石厅，还是北

向着世界最高峰峰顶攀登。（图片提供：北大山鹰社）

京四渡、白河等山鹰常去的天然岩壁，社员们都能找到属于自己的乐趣——人人锻造攀岩本领，人人体验攀岩魅力。于攀爬中感悟人生，在登临处俯瞰过往，凌云之志油然而生，奋进之意一往无前。

在“兼容并蓄，思想自由”的北大精神引领下，一批批北大山鹰社成员登上雪山，挑战自我。他们是中国大学生登山队伍中的佼佼者。包括他们在内的一代代“天之骄子”更是为不断发展的中国登山事业注入新鲜血液。登山精神始终鼓舞人心，探险脚步永远不会停下，鲜红的五星红旗仍将一次又一次成为雪山之巅的一抹辉煌。

镜头 4　全球最快完成“7+2”探险计划的团队

2016 年 12 月 25 日 6 点 16 分，对于中国地质大学（武汉）登山队的六名队员来说，注定是一个永生难忘的时刻，他们在这一刻成功徒步抵达南极点。同时，这也标志着该校登山队自 2012 年 5 月起，一共用时 4 年 7 个月，最终完成了世界七大洲最高峰的攀登和徒步穿越北极点、南极点的壮举。

在圆满完成“7+2”登山科考活动的同时，他们也创造了一个又一个纪录——他们是全球第一支完成“7+2”探险计划的大学生团队，同时也是全球最快完成“7+2”探险计划的团队，全球第一位成功登顶珠峰的在校女大学生也出自这一团队。

中国地质大学（武汉）登山队的“7+2”登山科考活动启动于 2012 年，那一年，中国地质大学建校 60 周年。在当年的 5 月 19 日 8 点 16 分，该校登山队队长董范老师及陈晨、德庆欧珠和次仁旦达

3名学生一起成功登顶世界最高峰——海拔8844.43米的珠穆朗玛峰，为母校校庆献上一份特殊的贺礼。他们也组成了我国第一支登上珠峰的大学登山队，队员陈晨成为首个成功登顶珠峰的中国在校女大学生。中国地质大学（武汉）登山队成功登顶珠峰的壮举，在学校和社会上引起了很大反响。而完成“7+2”登山科考活动的设想，也在那时初步成形。

2013年7月，登山队成功登顶欧洲最高峰厄尔布鲁士山；2014年9月和12月，分别登顶大洋洲最高峰科查亚峰和非洲最高峰乞力马扎罗山；2015年1月和6月，分别登顶南美洲最高峰阿空加瓜峰和北美洲最高峰麦金利山；2016年12月14日，成功登顶南极洲最高峰文森峰。此外，登山队分别在2016年3月和12月徒步抵达北极点和南极点。

在2016年12月2日队伍启程奔赴南极之前，队员们就已经明白在南极洲的攀登与徒步，面临最大的困难就是恶劣的气候条件。尽管当时已是南极洲的夏天，但那里的平均气温依然在零下30摄氏度到零下40摄氏度之间，遇上大风等恶劣天气还会骤降到零下50摄氏度以下。为了抵御这样的极寒，尽管文森峰的海拔只有5140米，全队的御寒装备依然按照攀登珠峰的标准进行了准备。

北京时间2016年12月14日凌晨3点左右，浓雾渐渐散去，天气变得晴朗起来。队长董范紧急决定冲顶，队员们在平均坡度40度左右的冰雪路线上攀爬了大约11个小时，成功抵达文森峰顶峰。

在接下来的徒步穿越南极点的过程中，他们每天按计划出发、行进、驻扎，徒步行进了110公里，只能依靠GPS定位来确定南极点的方向，却无法在途中参考任何标识。心中若没有坚定的信念，很可能就在中途的极度疲累与看不到希望的忐忑中放弃了。好在，所有人坚持到了最后。2016 年 12 月 25 日，中国地质大学（武汉）登山队成功抵达南极点，为持续四年多的登山科考活动画上圆满句号。

在这支登山队里有两名藏族队员——2008 年进入中国地质大学（武汉）学习的次仁旦达和德庆欧珠，“7+2”活动开展期间，两人都在该校攻读硕士学位。在此之前，两人曾在西藏登山学校和西藏圣山登山探险服务有限公司学习实践过，并多次登顶珠穆朗玛峰及卓奥友峰等山峰。

在中国地质大学（武汉）学习期间，次仁旦达和德庆欧珠成为学校登山队的主力队员，参加了那几年登山队组织的所有攀登徒步活动，并在登山路上相互扶持，成为默契十足的好拍档。他们还被誉为中国地质大学（武汉）新一代“双子星”，而该校老一辈登山“双子星”则是我国著名登山家李致新与王勇峰，前者是国际攀联副主席、中国登山协会主席，后者是中国登山协会副主席、中国登山队队长。登山运动在中国地质大学（武汉）有着优良传统，早在 1958 年，学校前身北京地质学院就组建了中国第一支业余登山队，该校学生王富洲还成了 1960 年中国首批成功登顶珠峰的队员之一。

此前的几次攀登和徒步，登山队都是选择当地的夏天（即最佳的登山季节）前往。虽然除了亚洲之外其他几个大洲的最高峰海拔都不算高，最高的也不过海拔 6000 多米，看起来难度不大，但是海拔升高的路线很长，而且各地的气候条件差异非常大。另外，这些山峰的攀登方式与队员们习惯的高海拔攀登也不太一样，都需要去适应。德庆欧珠回忆说，在 2014 年 12 月攀登非洲最高峰乞力马扎罗山，从山脚出发时穿的还是短袖，到山顶却遭遇了当地 30 年不遇

的大雪，气候变化非常大。除了气候的影响，由于签证时间有限，每次登山的时间都非常紧凑，“比之前在西藏登山的节奏明显要快一些。”次仁旦达补充道。

在整个“7+2”登山科考活动中，中国地质大学（武汉）登山队先后参与人数达 34 人，共历时 1756 天，行程 12 万多公里，其中徒步距离 720 多公里，最终在地球上的 9 个地理极限点留下了队员们的足迹。

每一次的行动都面临着很多困难、危险，甚至是生死攸关的危急时刻，队员们凭借着顽强的毅力和互助的精神，一次又一次化险为夷。在海拔 7790 米的珠峰 C2 营地，女队员陈晨在凌晨 4 点多被冻醒，并且发现自己的手脚渐渐没了知觉；正是经验丰富的德庆欧珠发现她的氧气用完了，迅速采取措施，将陈晨从极其危险的境地中挽救回来。在攀登北美最高峰麦金利山途中，有名队员一条腿滑进了冰川暗裂缝；其他队员立即奋不顾身地展开营救，用绳索及全身力气死死地扯住，才将遇险队员拉了上来，又一次化解了危机……

中国地质大学（武汉）登山队组织的“7+2”登山活动，并非只是单纯的登山徒步。该校的登山活动，向来都会与科学考察工作相伴相随。这一次也不例外，学校测绘专业博士生导师陈刚教授就以科考队长的身份参与其中。

从 2012 年 5 月的珠峰攀登开始算起，陈刚带领着队员们一共采集地球各极点雪样 50 瓶、各类水样 30 升、岩石标本 40 公斤。同时，利用我国自主研发的华测导航定位仪，获取全球三大卫星导航系统多项静态、动态测量数据；为我国地壳运动监测研究提供了大量第一手科研数据。陈刚最高曾攀至海拔 7200 米处，展开地质测量与采样工作，在国内率先独立完成了对地球三极（珠峰与南极点、北极点）的科学考察。

和队友们亲密相处所收获的那份情谊、与雪山交流逐渐形成的默契、在雪线上每向上走一步所看到的不同景色，被越来越多的大学生登山者视为比登顶更重要的登山吸引力。对他们来说，鼓励每一个参与其中的人成为更好的自己，也正是登山的意义所在。

登山运动所包含的探索精神、担当精神、拼搏精神、团队精神，都是为了实现理想，即“勇攀高峰”。登山运动的目的和任务就是登上山顶，此外还要不断攀登新的、更高的山峰，不断地创新攀登形式，不断地接受更大的挑战，这也正是登山运动的价值所在。“勇攀高峰”体现了登山运动的全部意义，是登山运动的理想境界和价

雄伟的珠穆朗玛峰。（中国登山协会资料图）

值追求，是登山者的“初心”。

然而，不是只有登上山顶才是“勇攀高峰”，在攀登过程中的每一次努力都是在“勇攀高峰”。它作为一种精神，也不仅仅是登山运动员才需要的。胸怀理想、脚踏实地、坚持不懈、不断进取，是“勇攀高峰”的具体形象，也是所有奋斗者不断前行的精神动力。

引用资料：

① 旷文楠，程大力．中国登山运动史[M]．武汉：武汉出版社，1993.

② 王灏铮．危险的脚步　中国登山家攀登世界七大洲最高峰纪实［M］．北京：中国社会科学出版社，2002.

③ 多吉占堆，薛文献．逐梦云端　西藏探险队攀登 14 座 8000 米高峰纪实［M］．桂林：漓江出版社，2013.

④ 李国平．伟大的八千米［M］．北京：中国地图出版社，2017.